2024年版
「ハングル」能力検定試験
公式
過去問題集

2023年 第59·60回

1級

まえがき

　「ハングル」能力検定試験は日本で初めての韓国・朝鮮語の検定試験として、1993年の第1回実施から今日まで60回実施され、累計出願者数は52万人を超えました。これもひとえに皆さまの暖かいご支持ご協力の賜物と深く感謝しております。

　ハングル能力検定協会は、日本で「ハングル」*を普及し、日本語母語話者の「ハングル」学習到達度に公平・公正な社会的評価を与え、南北のハングル表記の統一に貢献するという3つの理念で検定試験を実施して参りました。

　「アフターコロナ」となった2023年ですが、春季第59回は61ヶ所、秋季第60回は70ヶ所の会場で無事実施され、総出願者数は21,856名となりました。また、2023年1月と7月に新たに入門級(IBT)オンライン試験が開始されました。このように多くの方々に試験を受けていただいたことは、わたくしたちにとって大変大きな励みとなり、また同時に大きな責任と使命を再確認し、身の引き締まる思いです。

　協会設立当初の1990年代と比べると、「ハングル」学習を取り巻く環境は隔世の感があります。しかしいつの時代も、隣人同士がお互いを知り、良い点は学びあい、困ったときは助け合う姿勢は、人として大切なものです。お互いをよく理解するためには、お互いの言葉でコミュニケーションをとり、文化とその背景を知ることが必要不可欠です。

　本書は「2024年版ハン検*過去問題集」として、2023年春季第59回(6月)、秋季第60回(11月)試験問題を各級ごとにまとめたものです。それぞれに問題(聞きとり音声は公式ホームページの「リスニングサイト」で聴けてダウンロードも可)と解答、日本語訳と詳しい「学習ポイント」をつけました。

　これからも日本語母語話者の学習到達度を測る唯一の試験である「ハン検」を、入門・初級の方から地域及び全国通訳案内士などの資格取得を目指す上級の方まで、より豊かな人生へのパスポートとして、幅広くご活用ください。

　最後に、本検定試験実施のためにご協力くださった、すべての方々に心から感謝の意を表します。

2024年3月吉日

特定非営利活動法人
ハングル能力検定協会

---

*)当協会は「韓国・朝鮮語」を統括する意味で「ハングル」を用いておりますが、協会名は固有名詞のため、「」は用いず、ハングル能力検定協会とします。

*)「ハン検」は「ハングル」能力検定試験の略称です。

目　　次

本書について

　本書は2023年に実施された春季第59回（6月）と秋季第60回（11月）「ハングル」能力検定試験の問題とその解答・解説を、実施回ごとに分けて収めました。聞きとり問題の音声は協会公式ホームページの「リスニングサイト（聞きとり問題音声再生ページ）」で聴くか、「リスニングサイト」から音声ファイルをダウンロードして聴くことができます（次ページ参照）。

■「問題」

・試験会場で配布される試験問題冊子に準じていますが、聞きとり試験の際メモを取る空欄は、書籍サイズやデザインの関係上、若干調整されています。

・聞きとり問題の音声トラック番号は、🔊 **04** のように示し、2回繰り返すものについては割愛しています。

■「解答と解説」

・4つの選択肢の中で、正答は白抜き数字❶❷❸❹となります。

・大問（**1**、**2**など）の最初に、この問題の出題意図と出題形式を示しています。

・詳しい解説は問題ごとに「学習ポイント（**学習P**で表示）」で示しています。

・中級レベルをクリアした学習者の「聴解力」を問う1、2級聞きとり問題と、1、2級筆記の翻訳問題には「学習ポイント」は付きません。

・すべての問題文と選択肢に日本語訳を付けています。

■ マークシート見本

・巻末にマークシート形式の解答用紙見本（70％縮小）を付けました。本番の試験に備えて、記入欄を間違えないよう解答番号を確認してください。

■ 記号などの表示について

　[　]　→ 発音の表記であることを示します。

　〈　〉　→ 漢字語の漢字表記（日本漢字に依る）であることを示します。

　（　）　→ 該当部分が省略可能であるか、前後に（　）内のような単語などが続くことを示します。

　【　】　→ 直訳など、何らかの補足説明が必要であると判断された箇所であることを示します。

　「　」　→ 学習ポイント中の日本語訳であることを示します。

　　★　→ 大韓民国と朝鮮民主主義人民共和国とでの、正書法における表記の違いを示します（南★北）。

リスニングサイト（聞きとり問題の音声聞きとり・ダウンロード）について

■ 第59回・第60回試験の聞きとり問題の音声ファイルを、以下のサイトで聴くことができます。また無料でダウンロードできます（MP3形式データ）。
なおダウンロードした音声ファイルはZIP形式で圧縮されています。

① 以下のURLをブラウザに入力し「リスニングサイト」を開いてください。

▶ https://hangul.or.jp/listening

※QRコードリーダーで
読み取る場合→

②「リスニングサイト」に以下のログインIDとパスワードを入力してください。

▶ログインID：hangul　　▶パスワード：kakomon

■ 本文聞きとり問題の 🔊 00 マーク箇所をトラックごとに聞くことができます。

■ パソコンやタブレットにダウンロードした音声ファイルを再生するには、MP3ファイルが再生できる機器やソフトなどが別途必要です。ご使用される機器や音声再生ソフトに関する技術的な問題は、各メーカー様宛にお問い合わせください。

■ スマートフォンで音声ダウンロード・再生を行う場合は、ZIPファイルを解凍するアプリが別途必要です。ご使用される端末やアプリに関する技術的な問題は、各メーカー様宛にお問い合わせください。

■ 本書と音声は、「著作権法」保護対象となっています。

※音声聞きとり・ダウンロードに関する「Q＆A」を協会公式ホームページに掲載しました。ご参照ください。　　▶ https://hangul.or.jp/faq/

その他ご質問については、協会事務局宛にメールにてご相談ください。
▶ inquiry@hangul.or.jp

■「、」と「：」の使い分けについて
　1つの単語の意味が多岐にわたる場合、関連の深い意味同士を「、」で区切り、それとは異なる別の意味でとらえた方が分かりやすいもの、同音異義語は「：」で区切って示しました。

■ ／ならびに{／}について
　／は言い換え可能であることを示します。用言語尾の意味を考える上で、動詞や形容詞など品詞ごとに日本語訳が変わる場合は、例えば「～{する／である}が」のように示しています。これは「～するが」、「～であるが」という意味になります。

◎１級(超上級)のレベルの目安と合格ライン

■レベルの目安
幅広い場面で用いられる韓国・朝鮮語を十分に理解し、それらを自由自在に用いて表現できる。
・相手のみならず、場面や状況までを考慮した上で的確に意図の実現ができ、報告書やエッセイなどほとんどのジャンルを考慮したスタイルの選択も可能である。
・職業上の業務遂行に関連する話題などについても取り扱うことができる。
・幅広い話題について書かれた新聞の論説・評論などの理論的にやや複雑な文章や抽象度の高い文章、様々な話題の内容に深みのある文章などを読んで文章の内容や構成などを理解できる。
・要約や推論、論証や議論など、情報処理的にも高度なレベルが要求される処理を韓国・朝鮮語を用いて行うことができる。
・類推の力を働かせて、知らない単語の意味を大体把握できる上、南北の言葉の違いや頻度の高い方言なども理解することができる。連語や四字熟語、ことわざについても豊富な知識と運用力を持ち合わせており、豊かな表現が可能である。
　※設問は韓国・朝鮮語

■合格ライン
●１次試験は100点満点(聞取・書取40点中必須16点以上、筆記60点中必須30点以上)中、70点以上合格。
●１次試験合格者は２次試験(面接)に進む。

1級

全19ページ
聞・書 20問/30分
筆 記 50問/80分

2023年 春季 第59回
「ハングル」能力検定試験

【試験前の注意事項】

1）監督の指示があるまで、問題冊子を開いてはいけません。
2）聞きとり試験中に筆記試験の問題部分を見ることは不正行為となるので、充分ご注意ください。
3）この問題冊子は試験終了後に持ち帰ってください。
　　<u>マークシートを教室外に持ち出した場合、試験は無効となります。</u>
※CD3などの番号はCDのトラックナンバーです。

【マークシート記入時の注意事項】

1）マークシートへの記入は「記入例」を参照し、ＨＢ以上の黒鉛筆またはシャープペンシルではっ
　　きりとマークしてください。ボールペンやサインペンは使用できません。
　　訂正する場合、消しゴムで丁寧に消してください。
2）解答は、オモテ面のマークシートの記入欄とウラ面の記述式解答欄に記入してください。
　　記述式解答をハングルで書く場合は、南北いずれかのつづりに統一されていれば良いものとし
　　ます。二重解答は減点される場合があります。
3）氏名、受験地、受験地コード、受験番号、生まれ月日は、もれのないよう正しく記入し、マーク
　　してください。
4）マークシートにメモをしてはいけません。メモをする場合は、この問題冊子にしてください。
5）マークシートを汚したり、折り曲げたりしないでください。

※試験の解答速報は、6月4日の全級試験終了後(17時頃)、協会公式ＨＰにて公開します。
※試験結果や採点について、お電話でのお問い合わせにはお答えできません。
※この問題冊子の無断複写・ネット上への転載を禁じます。

◆次回 2023年 秋季 第60回検定：11月12日（日）実施◆

ハングル能力検定協会
한글능력검정협회

問 題

듣기와 받아쓰기 문제

듣기와 받아쓰기 시험 중에
필기 문제를 풀지 마십시오.

🔊 04

1 들으신 문장의 내용과 일치하는 것을 하나 고르십시오.
(마크시트의 1번~2번을 사용할 것)   〈2点×2問〉

🔊 05

1) -- マークシート **1**

①--

②--

③--

④--

🔊 06

2) -- マークシート **2**

①--

②--

③--

④--

◀)) 07

2 대화를 듣고 다음에 이어질 내용으로 가장 알맞은 것을 하나 고르십시오.

（마크시트의 3번～4번을 사용할 것）　　〈2点×2問〉

◀)) 08

1) 남 : --

여 : --

남 : --

여 : (　　マークシート **3**　　　　)

① --

② --

③ --

④ --

問　題

◀)) 09

2) 남 : _____

　　 여 : _____

　　 남 : _____

　　 여 : (　　　　マークシート **4**　　　　)

　　 ① _____

　　 ② _____

　　 ③ _____

　　 ④ _____

問 題

◀)) 10

3 대화문을 듣고 물음에 답하십시오.
(마크시트의 5번~6번을 사용할 것) 〈2点×2問〉

◀)) 11

1) 남자의 생각으로 맞는 것을 하나 고르십시오. マークシート **5**

남 : _____

여 : _____

남 : _____

여 : _____

남 : _____

① _____

② _____

③ _____

④ _____

問 題

◀)) 13

2) 여자의 주장으로 맞는 것을 하나 고르십시오.   マークシート **6**

남 : _____

여 : _____

남 : _____

여 : _____

_____

남 : _____

① _____

② _____

③ _____

④ _____

問　題

◀)) 15

4 문장을 듣고 물음에 답하십시오.
（마크시트의 7번〜8번을 사용할 것）　　〈2点×2問〉

◀)) 16

1）문장의 내용과 일치하는 것을 하나 고르십시오.　マークシート **7**

----

① ---
② ---
③ ---
④ ---

問　題

◀》 18

2) 문장의 내용과 일치하는 것을 하나 고르십시오.　マークシート **8**

① _____

② _____

③ _____

④ _____

◀》 20

5 대화문을 들으신 다음에 【물음1】~【물음2】에 답하십시오.
(마크시트의 9번~10번을 사용할 것)　　〈2点×2問〉

◀》 21

여 : _____

남 : _____

여 : _____

남 : _____

여 : _____

남 : _____

【물음1】　대화를 통해 알 수 있는 것을 하나 고르십시오.　マークシート **9**

① 동거인은 4일 이내로 병원에서 검사를 받아야 한다.
② 동거인은 접종 완료 여부에 따라 격리가 면제될 수 있다.
③ 후유증은 염증이 복구되는 과정이므로 크게 걱정할 필요
는 없다.
④ 확진자가 격리 장소를 이탈할 경우는 법적 조치가 내려
진다.

【물음2】 후유증의 증상으로 **언급되지 않은 것**을 하나 고르십시오.

① 가끔 호흡에 곤란을 느낀다.
② 성대가 손상되는 경우가 있다.
③ 후각 신경의 기능이 저하된다.
④ 식욕을 잃는 경우가 있다.

◀)) 22

6 문장을 들으신 다음에 【물음1】~【물음2】에 답하십시오.
(마크시트의 11번~12번을 사용할 것) 〈2点×2問〉

◀)) 23

問 題

【물음1】 문장의 내용과 <u>**일치하지 않는 것**</u>을 하나 고르십시오.

マークシート**11**

① 세계 금연의 날이 지정된 지 30년이 넘었다.

② 우리나라의 성인 흡연율은 3년째 증가 추세를 보이고 있다.

③ 담배 포장에 흡연 피해 사진을 넣거나 하였다.

④ 뉴질랜드의 흡연율은 꽤 낮은 편이다.

【물음2】 문장의 요지로 가장 알맞은 것을 하나 고르십시오.

マークシート**12**

① 담배 구매에 대한 규제가 흡연율 감소에 기여했다.

② 비흡연자들의 권리만을 주장하는 것은 어폐가 있다.

③ 흡연자와 금연자의 공존을 인정하는 금연 정책이 요구된다.

④ 차선책으로 금연을 유도하는 발상의 전환이 필요하다.

問 題

◀)) 24

 괄호 부분을 문맥에 맞게 번역하십시오. 답은 하나만을
쓰십시오. 한자 대신 히라가나로 써도 됩니다.
(마크시트 뒷면의 기술식 해답란을 사용할 것)

〈2点×4問〉

◀)) 25

1) 나의 (日本語訳①) 알아챘는지 그는 (日本語訳②)

◀)) 26

2) 또 (日本語訳①) 구는 바람에 부모님한테 (日本語訳②)

◀)) 27

3) 그동안 (日本語訳①) 문제들이 선거를 계기로 (日本語訳②)

◀)) 28

4) 서두르다가 그만 (日本語訳①) 세게 (日本語訳②)

29

8 괄호 부분을 한글로 받아쓰십시오.
(마크시트 뒷면의 기술식 해답란을 사용할 것)

〈2点×4問〉

30

1) (**받아쓰기**①) 단발이 싫증 나면 양 갈래로 (**받아쓰기**②).

31

2) 서랍에 제습제를 넣었더니 (**받아쓰기**①) 속옷들이
(**받아쓰기**②) 해졌다.

32

3) 그는 누구에게나 (**받아쓰기**①) 예의를 갖추고
(**받아쓰기**②) 말투로 사람들을 대한다.

33

4) 이번에도 (**받아쓰기**①) 넘어가려 해서 따졌더니
(**받아쓰기**②)이었다.

필기 문제

필기 시험 중에 듣기와 받아쓰기 문제를 풀지 마십시오.

1 ( ) 안에 들어갈 말로 가장 알맞은 것을 하나 고르십시오.

(마크시트의 1 번~10번을 사용할 것) 〈1点×10問〉

1) 충분한 여론 수렴과 뚜렷한 대안 없이 추진된 이번 정책은 정부의 (マークシート **1**) 행정이라는 비판을 받았다.

 ① 민첩   ② 자진   ③ 질타   ④ 졸속

2) 그는 스승의 말이라면 죽는 (マークシート **2**)이라도 하는 사람이었다.

 ① 배짱   ② 시늉   ③ 자국   ④ 발뺌

3) 아이는 한참을 보채다가 (マークシート **3**) 지쳐서 곯아떨어졌다.

 ① 무작정   ② 섣불리   ③ 제풀에   ④ 간신히

4) 승리감에 (マークシート **4**) 나머지 동료의 부상을 눈치채지 못했다.

　① 마취된　　② 탈취된　　③ 착취된　　④ 도취된

5) 토라져서 (マークシート **5**) 모습이 귀엽기만 하다.

　① 굽어보는　② 흘겨보는　③ 넘보는　　④ 밉보는

6) (マークシート **6**) 들릴지 모르겠지만 앞으로 부모한테 손 벌릴 생각은 마라.

　① 모질게　　② 달갑게　　③ 후하게　　④ 벅차게

7) 조선 시대의 미인도는 얼굴이 둥그스름하고 반듯한 게 (マークシート **7**) 얼굴을 하고 있다.

　① 박한　　　② 허한　　　③ 참한　　　④ 습한

8) 약을 먹여도 (마크시트 8) 기침을 해대는 걸 보니 아무래도
   병원에 가야겠다.

   ① 질퍽질퍽   ② 콜록콜록   ③ 주절주절   ④ 꿀꺽꿀꺽

9) A : 박 대리가 맞선 본다고 하니까 김유미 씨가 못 참고
      먼저 고백했대요.
   B : 아니 그렇게 좋아하면서 여태 (마크시트 9) 떨었던 거야?

   ① 변덕을   ② 오기를   ③ 익살을   ④ 내숭을

10) 어디 초상이라도 (마크시트 10) 줄 알았네. 그만 울어.

   ① 친   ② 난   ③ 뜬   ④ 떤

2 ( ) 안에 들어갈 말로 가장 알맞은 것을 하나 고르십시오.
   (마크시트의 11번~14번을 사용할 것)   〈1点×4問〉

1) 미리 말했다가 괜히 (마크시트 11) 가만히 있었어.

   ① 허물을 벗을까 봐   ② 입이 짧을까 봐
   ③ 도를 닦을까 봐   ④ 부정 탈까 봐

2) A : (マークシート**12**) 안 갈래? 옆 동네에 용한 점집이 있대.
   B : 또 가? 지난달에도 갔잖아.

    ① 맥을 짚으러   ② 눈도장 찍으러
    ③ 사주 보러   ④ 비위 맞추러

3) 앞에서는 언론의 자유와 독립을 말하면서 뒤에서는 통제와
   장악을 획책하여 (マークシート**13**)의 행태를 보이고 있다.

    ① 견강부회   ② 양두구육
    ③ 권토중래   ④ 삼고초려

4) (マークシート**14**), 괜히 원한 살 일 만들지 말고 당신이 참아요.

    ① 목구멍이 포도청이라고   ② 가재는 게 편이라고
    ③ 되로 주고 말로 받는다고   ④ 냉수 먹고 이 쑤신다고

問 題

3 밑줄 친 부분과 바꾸어 쓸 수 있는 것을 하나 고르십시오.
(마크시트의 15번～18번을 사용할 것)　　〈1点×4問〉

1) 내가 한쪽 눈 찡긋하면 <u>들입다</u> 뛰는 거다. 알았지?

マークシート **15**

　　① 죄다　　　② 게다　　　③ 못다　　　④ 냅다

2) 쓸데없이 동생 도와준답시고 편들다가 <u>괜히 야단을 맞은</u> 셈이다.

マークシート **16**

　　① 등골이 빠진　② 매를 번　　③ 용을 쓴　　④ 날을 세운

3) 예산안 통과의 법정 시한을 핑계로 <u>얼렁뚱땅 건성으로</u> 처리하려고 한다.

マークシート **17**

　　① 주마간산 식으로　　　　② 절차탁마 식으로
　　③ 건곤일척 식으로　　　　④ 낭중지추 식으로

4) <u>무슨 염치로</u> 또 빈손으로 온 거야.　　　マークシート**18**

① 도랑 치고 가재 잡는다더니
② 꾸어다 놓은 보릿자루처럼
③ 망건 쓰다 장 파한다고
④ 벼룩도 낯짝이 있다는데

4 (　　) 안에 들어갈 말로 가장 알맞은 것을 하나 고르십시오.

(마크시트의 19번~22번을 사용할 것)　　　〈1点×4問〉

1) 젊은 사람이 사정이 참 딱하네(マークシート**19**).

① 나마　　　② 마는　　　③ 그려　　　④ 그래

2) 누가 나 잘 되려고 (マークシート**20**)

① 아부하는구먼요.　　　② 아부한답디까?
③ 아부하려무나.　　　　④ 아부하거들랑.

問 題

3) 미리 귀뜸 좀 (マークシート**21**)

① 해 주면 다야?　　　　② 해 줄 게 뭐람.
③ 해 주기 일쑤다.　　　　④ 해 주면 어디가 덧나냐.

4) (マークシート**22**) 탕진하고 있는 것 같아 큰일이다.

① 버는 주제에　　　　② 버는 족족
③ 벌 바에야　　　　　④ 버는 통에

5

(　　　) 안에 들어갈 말로 **알맞지 않은 것**을 하나 고르 십시오.
(마크시트의 23번~25번을 사용할 것)　　　〈1点×3問〉

1) 그 말 한마디 했다고 종일 (マークシート**23**) 얼굴로 있을 거야?

① 못마땅한　② 누추한　③ 마뜩잖은　④ 뚱한

2) 신분증을 위조한 것이 (マークシート**24**) 현장에서 연행되었다.

① 들통이 나서　　　　② 탄로가 나서
③ 덜미를 잡혀서　　　　④ 거덜이 나서

3) 당장 입에 (マークシート**25**) 지금 그게 문제예요?

① 풀칠하게 생겼는데　　② 풀칠할 지경인데
③ 풀칠할 판국인데　　　④ 풀칠해 버릇하는데

6 밑줄 친 부분의 쓰임이 **틀린 것**을 하나 고르십시오.
(마크시트의 26번～27번을 사용할 것)　　〈1点×2問〉

1) 차다　　　　　　　　　　　　　　　 マークシート**26**

① 운동장 두 바퀴를 뛴 학생들은 숨이 <u>차서</u> 주저앉았다.
② 창고에 습기가 <u>차서</u> 곰팡이가 슨 거 같아요.
③ 홀짝홀짝 마시다가 성에 안 <u>찼는지</u> 병째 마시기 시작했다.
④ 빠져나갈 틈이 모두 <u>차서</u> 도망갈 방법이 없었다.

2) 걷다　　　　　　　　　　　　　　　 マークシート**27**

① 비가 금방이라도 쏟아질 것 같으니 빨래 좀 같이 <u>걷자</u>.
② 얼룩 묻으면 안 되니까 소매 <u>걷고</u> 해요.
③ 천천히 책장을 <u>걷으며</u> 읽어내려가기 시작했다.
④ 정기 모임에서 <u>걷은</u> 회비가 백만 원을 웃돌았다.

7 밑줄 친 부분의 말과 가장 가까운 뜻으로 쓰인 문장을 하나 고르십시오.

(마크시트의 28번~29번을 사용할 것) 〈2点×2問〉

1) 그 돈 언다 썼는지 바른대로 <u>대지</u> 못해? マークシート**28**

① 억울하면 변호사를 <u>대든가</u> 알아서 하세요.
② 책받침을 <u>대고</u> 쓰면 더 잘 써질 거야.
③ 요 앞에 차 <u>대다가</u> 접촉 사고가 났어요.
④ 알리바이를 <u>대지</u> 못하면 공범으로 몰릴 수도 있다.

2) 제때 마무리 못 하고 질질 <u>끄는</u> 거 딱 질색이다. マークシート**29**

① 소를 논으로 <u>끌고</u> 가는 이장님을 만났다.
② 그녀는 말끝을 <u>끄는</u> 버릇이 있었다.
③ <u>끌면 끌수록</u> 너만 손해인 거 몰라?
④ 파격적이고 독특한 디자인으로 이목을 <u>끌었다</u>.

8 다음 문장들 중에서 가장 자연스러운 것을 하나 고르십시오.

(마크시트의 30번~32번을 사용할 것) 〈1点×3問〉

1)

マークシート**30**

① 돈 씀씀이가 거세서 여태 적금 하나 못 들었다.
② 입심이 좋고 싹싹해서 사람들의 호감을 샀다.
③ 출근 첫날부터 태도가 크다고 지적을 받았다.
④ 인사성이 어두워서 늘 주의를 받는 편이다.

2)

マークシート**31**

① 온 김에 추석까지 쇠고 천천히 돌아가겠습니다.
② 신인 배우들만 기용했는데 대박이 올랐더라고요.
③ 장난감을 사 달라고 또 생떼를 떠는 것이었다.
④ 사람이 죄를 달았으면 벌을 받아야지.

3)

マークシート**32**

① 감히 임금의 명을 거역할 수 있었다.
② 용케도 못 버틸 거라며 위로해 주었다.
③ 술 좀 작작 마시면 몸이 상하지 않을까 ?
④ 어떤 취지의 모임인지 딱히 와닿지는 않는다.

9 (   ) 안에 들어갈 표현으로 가장 알맞은 것을 하나
고르십시오.
(마크시트의 33번～36번을 사용할 것)   〈1点×4問〉

1) A : 주 4일제를 실험적으로 검토하는 나라도 있더라.
     B : 우리 회사는 주 5일제로 바뀐 것도 최근인데 와 부럽네.
     A : 현실적으로 실행하기는 좀 어렵지 않을까 ? 근무 환경
        이 달라서.
     B : (マークシート**33**)
     A : 그러게 나도 오늘 상사 눈치 보느라 진땀 흘렸어.

① 근무 수당만 변함 없으면 완전 신의 직장이네.
② 재택 근무할 때 24시간 대응한 적도 있어.
③ 5일제건 4일제건 난 칼퇴근이나 좀 했으면.
④ 대신 출근 시간이나 좀 앞당겨 줬으면 좋겠어.

2) A : 한식 조리사 2년차이신데 어떤 계기로 조리사 자격증
　　　을 취득하셨어요?

　　B : 군대에서 취사병 하면서 삼시 세끼 만들었는데 성취감
　　　이 크더라고요.

　　A : 실제로 일해 보시니까 자격증이 있고 없고가 크게 다
　　　르던가요?

　　B : (マークシート34)

　　A : 해동을 잘못해서 균이 번식하는 경우도 있다고 들었어요.

① 노련한 손맛보다 노력한 시간들을 더 높이 사게 됩니다.

② 이론과 실기를 겸비하면 아무래도 급여가 높아집니다.

③ 유통기한 날짜를 꼼꼼히 확인하는 것을 놓치면 안 되니까요.

④ 식재료 관리에 대한 지식에서 큰 차이가 있습니다.

問 題

3) A : 동물 학대 행위는 처벌이 강화돼서 3천만 원 이하 벌
　　　금형으로 바뀌었대.
　　B : 과태료는 일정한 의무를 이행하지 않아서 내는 거고
　　　벌금은 범죄자에게 부과하는 형벌이니 잘된 거네.
　　A : (マークシート35)
　　B : 그래서 반려동물은 관할 구청에 등록해야 한다는 지침
　　　이 있잖아.

① 소유주가 반려동물에 대한 애착이 크면 클수록 잘 지키더라.
② 떠돌거나 버려진 동물들은 여유 있는 사람들이 데려다
　　키우면 좋겠어.
③ 목줄이나 입마개를 반드시 하라고 했는데 안 지키는 사
　　람이 많아.
④ 맘에 안 든다고 유기하는 사람은 찾아내서 꼭 처벌해야 돼.

4) A : 요즘 뭐 구입할 때마다 사은품으로 기업 로고 박힌 에
　　　코백을 주더라고.

　　B : (マークシート**36**)

　　A : 그러게. 생산부터 폐기 과정을 따져 보면 비닐 봉투가
　　　오히려 더 친환경적이란 말도 있더라고.

　　B : 텀블러도 매번 세척할 때 사용되는 화학 세제를 생각
　　　하면 결코 환경에 이롭진 않을 거 같아. 친환경 제품
　　　들이 오히려 독이 되는 경우가 많대.

① 하나만 쓴다고 다 친환경운동이라 할 수도 없는 거구나.
② 천연 소재로 만들어야 자원이나 에너지가 덜 들어간다고 해.
③ 재사용하는 게 중요한 건데 소모품으로 전락한 거 같아.
④ 편의점 비닐 봉투가 금지된 이후부터 사용량이 늘어난
　거 같아.

10 다음 글을 읽고 【물음 1】~【물음 2】에 답하십시오.
(마크시트의 37번~38번을 사용할 것)　　〈1点×2問〉

　현대 결혼식과 장례식의 핵심 요소로 자리 잡은 축의·조의금 봉투, 이른바 '부조'는 언제부터 시작된 관습일까. 혼례(婚禮)·상장례(喪葬禮)와 같은 애경사를 이웃끼리 서로 챙기는 관습은 이미 수백 년 전부터 있었지만, 그 형태와 취지는 현재와 크게 달랐다. 과거에는 큰일을 치를 때 일손이나 현물로서 '십시일반' 격으로 돕는 '품앗이' 성격이었다. 조선 시대까지만 해도 부조는 물건이건 돈이건 상관없이 자신의 형편에 따라 돕고자 하는 마음을 담아 표현하는 순수한 '예(禮)'였던 셈이다. 그러나 현대에는 부조록에 물품 대신 축의금 액수가 적히기 시작하고 완전히 보편화되었다. 사회 통념상 정해진 최소 금액이 있기에 청첩장이나 부고를 접할 때마다 주변 사람들에게 물어보며 눈치를 보는 일이 흔한 풍경이 됐다. 심지어 계좌 이체로 송금하거나 경조사비를 대신 내주는 인터넷 서비스까지 등장했다. '진심으로 축하, 애도하는 마음'이라는 본질은 희미해지고 '돈거래'라는 형식만 남게 되면서 (マークシート**37**) 최근에는 대안으로 극소수만 초대해 결혼식이나 돌잔치를 치르는 젊은 부부들도 늘고 있지만, 청첩장을 줄줄이 받아 들고 허리가 휜다고 호소하는 직장인들도 여전히 많다.

【물음1】 본문의 (マークシート37)에 들어갈 문장으로 가장 알맞은
것을 하나 고르십시오.

① 금전적, 시간적 면에서 맞벌이 부부들이 골머리를 앓고
있다.
② 청첩장과 부고를 '고지서'라고 자조하는 목소리도 커지
고 있다.
③ 공동체주의적 사회에서 개인주의적 사회로 변질되어 가
고 있다.
④ '연말 정산보다 더 까다롭고 어려운 경조사비'라는 말까
지 나오고 있다.

【물음2】 부조 문화에 대해 본문 내용과 일치하는 것을 하나
고르십시오.   マークシート38

① 적금을 붓는 마음으로 아예 매달 지출비 목록에 올린다.
② 우리 정서 상 선뜻 청첩장에 계좌 번호를 적기는 쉽지
않다.
③ 미풍양속으로서의 상호부조가 뇌물로 변질되는 것을 지
양해야 한다.
④ 과거의 부조 문화는 '백지장도 맞들면 낫다'는 성격이
강했다.

11 다음 글을 읽고【물음 1】~【물음 2】에 답하십시오.
(마크시트의 39번~40번을 사용할 것)　　　〈1点×2問〉

　한국의 식문화에서 '오미(五味)'는 단맛, 신맛, 짠맛, 쓴맛, 매운맛까지 포함하고 있지만 실제로 우리 혀의 미뢰는 매운맛을 감각하지 못한다. 매운맛은 혀의 통점을 자극하는 통각이다. 혀와 피부에 있는 온도 수용체로 감각하는 자극이다. 43℃ 이상에서 반응하는 TRPV1이 매운맛을 내는 캡사이신(고추), 알리신(마늘), 피페린(후추) 등에 의해 활성화된다. 즉 몸속에서는 뜨겁고 위험한 신호로 인식하여 속이 타는 것 같은 열감과 땀이 나고 심장 박동이 빨라진다. 그런데 사람들은 왜 매운맛에 열광할까? 사실 매운맛은 고통을 동반하지만 '심리적 시원함'이 남는다. "사람들이 매운맛에 끌리는 이유는 스스로를 극한으로 몰아붙여 그 과정에서 쾌감을 느끼기 때문"이라는 의견도 있다. 마치 롤러코스터를 타거나 스카이다이빙, 공포 영화를 보는 것처럼 억지 위험을 설정하고 이를 극복한 후에 얻는 희열을 즐긴다는 것이다. 로잔 교수는 "인류는 선천적으로 부정적인 경험을 즐기는 유일한 포유류"라고 주장한다. 우리 몸은 화상의 위험을 감지하고, 뇌는 이 고통을 상쇄시켜 주는 엔도르핀을 분비한다. 그러나 실제로 열에 노출된 것이 아니기 때문에 (マークシート **39**) 매운맛의 메커니즘은 결국 뇌를 속이는 것이다.

問 題

【물음1】 본문의 (マークシート39)에 들어갈 문장으로 가장 알맞은
　　　　 것을 하나 고르십시오.
　　　　　　　　　　　　　　　　　　　　 マークシート39

① 혀의 미각을 둔화시켜 통증을 유발할 수 있다.
② 중독을 끊기 어려울 정도로 반응하게 된다.
③ 입안이 얼얼할 정도면 통증이라고 못 한다.
④ 고통은 금세 휘발되고 은근한 쾌감이 남는다.

【물음2】 본문 내용과 **일치하지 않는 것**을 하나 고르십시오.
　　　　　　　　　　　　　　　　　　　 マークシート40

① 매운맛이 당기는 이유는 그 후에 찾아오는 쾌감 때문이다.
② 사람 역시 포유류라서 극한의 공포를 느끼면 순응하려
　 한다.
③ 인간은 위험한 상황을 설정하고 심리적 스릴을 즐기기
　 도 한다.
④ 매운맛은 구강 점막을 자극하는 통증에 가깝다고 할
　 수 있다.

問　題

12 다음 글을 읽고【물음1】~【물음2】에 답하시오.
（마크시트의 41번~42번을 사용할 것）　　　　〈1点×2問〉

[북(北)의 문헌에서 인용]

　우리 민족은 인류문명의 개척기부터 사계절의 차이가 뚜렷한 자연기후조건과 소박하면서도 우아하고 정결한것을 좋아하는 민족적 감정과 취미에 맞는 독특한 민족옷을 창조하고 발전시켜왔다. 예로부터 《동방례의지국》으로 불리워온 우리 나라에서는 옷차림과 관련한 고상한 례절이 창조되고 발전해왔다. (A) 바지, 치마, 저고리 등을 단정하게 갖추는것은 누구나 지켜야 할 초보적인 례절이었다. (B) 저고리나 겉옷을 입을 때에는 동정의 이가 꼭 맞게 함으로써 언제나 단정한 맛이 나도록 하였으며 옷고름도 되는대로 매는것이 아니라 나비모양의 매듭이 되게 매는것을 관례로 삼아왔다. 아무리 더운 날에도 (マークシート42) 남자들이 모자를 쓰는 경우에는 비뚤게 쓰는 일이 없이 바로 쓰군 하였다. 녀성들이 치마를 입을 때에도 각별한 주의를 돌렸다. (C) 옷이 해지면 제때에 손질해입고 구김살이 없도록 일상적으로 다려입었다. 녀성들은 늘 몸에 바늘과 실을 지니고다니였으며 구겨진 옷이나 빨래한 옷은 꼭꼭 다림질을 하군 하였다. (D) 이웃나라들에서는 우리 민족을 가리켜 《깨끗하게 사는 민족》이라고 찬사를 아끼지 않았고 이러한 좋은 옷차림례절은 우리 나라의 전통적인 미풍량속으로서 훌륭히 계승되여오고있다.

問 題

【물음 1】 본문에서 다음 문장이 들어갈 위치로 가장 알맞은 것
을 하나 고르십시오.　　　　　マークシート**41**

우리 민족이 오랜 세월 리용해온 다듬이돌, 방망이, 홍두깨
와 같은 다듬이질도구들은 이런 풍습으로부터 나온것들이다.

---

①（ A ）　　　②（ B ）　　　③（ C ）　　　④（ D ）

【물음 2】 본문의 (マークシート**42**)에 들어갈 문장으로 가장 알맞은
것을 하나 고르십시오.　　　　　マークシート**42**

① 왼쪽 자락 끝이 위로 올라오게 여몄다.
② 두루마기 매듭을 두번 돌려 묶었다.
③ 옷고름을 풀어헤치는 일이 없었다.
④ 비녀를 단정하게 꽂고 외출하였다.

13 다음 문장을 문맥에 맞게 일본어로 번역하십시오. 한자 대신 히라가나로 써도 됩니다.

(마크시트 뒷면의 기술식 해답란을 사용할 것)

〈2点×4問〉

1) 요즘 환절기라서 일교차가 심해지고 있다.

2) 고된 시집살이를 겪으면서 마음속에 응어리가 맺혔다.

3) 오늘 주가는 널뛰기 장세가 이어져 종가도 거래량도 역대 최고를 경신했다.

4) 전에 한번 데어서 그런지 손사래를 치는 것이었다.

14 다음 일본어를 문맥에 맞게 번역하십시오. 답은 하나만을 한글로 쓰십시오.

(마크시트 뒷면의 기술식 해답란을 사용할 것)

〈2点×4問〉

1) 目くじらを立てて問い詰められ、洗いざらい話すしかなかった。

2) 両チームは互角の勝負を繰り広げ、どちらも後退_{あとずさ}りする気配が見えなかった。

3) どうしても腑_ふに落ちないが、このへんで折り合うことにした。

4) あまりにも的を射た指摘だったので、背筋が凍りついた。

解　答　　　（＊白ヌキ数字が正答番号）

聞きとり・書きとり 解答と解説

1 短い文を聞いて、一致するものを選ぶ問題　　　〈各2点〉

1) 사정사정해도 눈 하나 꿈쩍하지 않았다.
　　→ どんなに頼み込んでも、まったく聞き入れなかった。

　① 딱한 처지일지라도 손을 벌릴 정도는 아니었다.
　　　→ 苦しい状況だとしても、金の無心をするほどではなかった。

　② 자초지종을 얘기했더니 안절부절못했다.
　　　→ 一部始終を話したら、居ても立っても居られなかった。

　③ 아무리 몸부림을 쳐도 꼼짝할 수가 없었다.
　　　→ どんなにもがいても、身動きが取れなかった。

　❹ 애걸복걸 매달려도 들은 체 만 체였다.
　　　→ 必死に懇願しても、聞こえないふりをした。

2) 원래 엄청 수다스러운데 점잔 빼고 있더라구요.
　　→ もともとすごくおしゃべりなのに、お上品なふりをしていたわよ。

　① 소심한 성격인데 변덕이 되게 심하더라구요.
　　　→ 小心者なのに、すごく気まぐれなのよ。

　❷ 평소엔 잘 떠들던 사람이 얌전 떨고 있더라구요.
　　　→ 普段はおしゃべりな人が、いかにもおしとやかなふりをしていたわよ。

　③ 원래 물불 안 가리는 사람인데 눈치를 조금 보더라구요.
　　　→ 元来苦労をいとわず力を尽くす人なのに、ちょっと顔色をうかがって
　　　　いたわよ。

解 答

④ 옥신각신 입씨름 하더니 결국 화해한 모양이에요.
   → ああだこうだ口げんかをしていたけど、結局仲直りしたようです。

② 正しい応答文を選ぶ問題　　　　　　　　　〈各 2 点〉

1) 남 : 홍보 업체 인턴 지원한 지 한 달이 넘었는데 여태 연락이 없어.
   여 : 나도 2차 채용 공고가 또 올라온 거 보고 탈락한 거 알았어.
   남 : 불합격한 사람들한테도 당락 여부를 통보해 줘야 마땅한 거
   　　아냐?
   여 : (내 말이. 다른 데도 있는데 이러면 발이 묶여 버리잖아.)

[日本語訳]

男 : 広告代理店のインターンに志願して一カ月が過ぎたのに、いまだ連
　　絡が来ないよ。
女 : 私も 2 次採用公告がまたアップされたのを見て、落ちたのを知ったわ。
男 : 不合格の人たちにも合否結果を通知するのは当然じゃないか?
女 : (ほんとよ。他もあるのにこれだと足止めを食らってしまうじゃない。)

① 그렇게 몸을 사리다 보면 황당한 일도 생기더라고.
   → そうやって力を出し惜しみしていると、とんでもないことも起こるんだよ。

② 한솥밥 먹는 사이라도 지킬 건 지켜야 하는 건데.
   → 同じ釜の飯を食う仲でも、守るべきことは守らなければならないのに。

❸ 내 말이. 다른 데도 있는데 이러면 발이 묶여 버리잖아.
   → ほんとよ。他もあるのにこれだと足止めを食らってしまうじゃない。

43

解　答

④ 말이 났으니 말이지 코빼기도 안 보이더라고.

→ 話が出たからなんだけど、まったく姿を見せないのよ。

2) 남 : 등이 많이 굳고 어깨 근육도 많이 경직되어 있네요.

여 : 목이 뻣뻣하고 특히 뒤로 젖힐 때 통증이 심해요.

남 : 좀 덜 폭신한 베개를 베고 취침해 보시는 건 어떨까요?

여 : (안 그래도 좀 딱딱한 걸로 새로 주문했어요.)

[日本語訳]

男：背中がひどく硬いし、肩の筋肉もずいぶん硬直していますね。

女：首がこわばっていて特に後ろに傾けたとき、痛みがひどいです。

男：柔らか過ぎない枕で寝てみるのはどうでしょう?

女：(そうじゃなくても少し硬めの物を新しく注文しました。)

① 천장 보고 똑바로 누워 자는 편이라 다행이네요.

→ 天井を見て、まっすぐ横になって寝る方なので良かったです。

❷ 안 그래도 좀 딱딱한 걸로 새로 주문했어요.

→ そうじゃなくても少し硬めの物を新しく注文しました。

③ 역시 등이 구부정한 건 교정이 좀 됐어요.

→ やはり背中が曲がっていたのは少し矯正されました。

④ 말씀대로 비스듬히 누우니까 통증이 좀 덜하긴 하네요.

→ おっしゃるとおり(体を)やや傾けて寝ると、痛みが少しは和らぎますね。

解 答

3 対話文を聞いて、問いに答える問題 〈各2点〉

1）男性の考えとして正しいものを選ぶ問題

男：코로나 시국이라 그런지 동네마다 무인점포가 부쩍 는 거 같아.
여：감염 위험도 덜하고 나도 왠지 비대면 서비스를 선호하게 되더라고.
남：근데 디지털 취약 계층에겐 문턱이 높아서 이런저런 지적들도 많더라.
여：맞아. 결제 방식이 너무 난해해서 똑똑한 우리 엄마도 진땀 뺐대.
남：나는 도난 사고나 응급 상황 이런 게 더 신경 쓰이던데.

［日本語訳］

男：コロナの状況下で町に無人店舗がぐんと増えたようだね。
女：感染の危険も減るし、私もなんとなく非対面のサービスを好むようになったわ。
男：でもデジタルに弱い世代には敷居が高くて、あれこれ指摘も多いそうだよ。
女：そうなのよ。決済方法がひどく難解で、しっかり者のうちの母もひどく手こずったそうよ。
男：僕は、盗難事故や急を要する場合とかがもっと心配になったんだけど。

① 무인 매장이라도 상주하는 직원이 한 명 정도 있는 게 안심된다.
 → 無人の売り場でも、常駐する職員が一人ぐらい居る方が安心する。
② 비대면 서비스라서 왠지 안심이 되고 감염 걱정도 덜 된다.
 → 非対面のサービスだから、どことなく安心だし感染の心配も減る。
③ 카드로 주문하고 수령하기까지의 과정이 생각보다 복잡하고 까다롭다.

解 答

→ カードで注文して受けとるまでの過程が、思いのほか複雑で面倒だ。

❹ 물건을 훔쳐가는 절도 사건이나 화재 같은 것이 가장 염려된다.

→ 物品を盗んでいく窃盗事件や火災などが一番心配だ。

2）**女性の主張として正しいものを選ぶ問題**

남 : 초등학생 조카가 어휘력, 문해력이 너무 떨어져서 걱정이야.

여 : 요즘 애들 독서 기회도 적어지고 한자 교육도 제대로 안 돼서 그래.

남 : 우리말에 한자어 비중이 높긴 하지만 그게 꼭 한자 교육 탓일까?

여 : 한자어 장점이 조어잖아. 글자 개념을 이해하면 합성어들의 쓰임새도 쉽게 알 수 있고 국어 능력도 향상될 거라 믿어.

남 : 낱말의 의미는 맥락에서 파악되는 거라서 독서량을 늘려 주면 저절로 해결될 거 같은데.

[日本語訳]

男 : 小学生の甥／姪の語彙力、読解力があまりに低くて心配だよ。

女 : 最近の子ども達は読書の機会も減って、漢字教育もまともにできてないからよ。

男 : 韓国・朝鮮語は漢字語の比重が高いけれども、それは必ずしも漢字教育のせいかな？

女 : 漢字語の長所が造語でしょ。文字の意味を理解すれば合成語の使い方も簡単にわかるし国語能力も向上してくると確信するわ。

男 : 単語の意味は脈絡で把握するものだから、読書量を増やしてあげれば自ずと解決されると思うけど。

① 낱말의 개념과 의미는 수많은 문맥 속에서 파악하는 것이 옳다.

解　答

　　　→ 単語の概念と意味は、たくさんの文脈の中で把握するのが正しい。

❷ 아이들의 독해력이 떨어지는 이유 중 하나는 한자 교육의 부재이다.
　　　→ 子ども達の読解力が低下する理由の一つは、漢字教育の不在である。

③ 독서량을 늘림으로써 한자어를 접할 기회가 늘어나는 것은 아니다.
　　　→ 読書量を増やすことで、漢字語に接する機会が増えるわけではない。

④ 합성어의 개념을 이해하면 어휘력이 향상되고 독서 의욕도 생긴다.
　　　→ 合成語の概念を理解すれば、語彙力が向上し読書に対する意欲も湧く。

$\boxed{4}$　文章を聞いて、問いに答える問題　　　　　　〈各2点〉

1）内容一致問題

　흔히 물은 상하지 않는다고 생각하여 생수를 대량으로 구입하고 관리에 소홀한 경우가 많은데요. 제조 과정에서 미생물이 들어갈 수 있고 플라스틱 포장 시 미세한 틈으로 외부 공기와 접촉되기 때문에 장시간 방치 시 변질될 수 있습니다. 유통 기한은 6개월이 기본이지만 검사를 통과한 제품은 1년까지 가능합니다. 장기 보관은 25도 이하의 서늘한 장소가 좋고, 개봉한 생수는 냉장고에 넣어야 합니다. 물의 색이 변하거나 가스가 생겨 생수병이 볼록하게 팽창했다면 상한 상태입니다.

[日本語訳]

　よく水は傷まないと思ってナチュラルウォーターを大量に購入して保管をおろそかにする場合が多々あります。製造過程で微生物が入ること

解　答

もあるし、プラスチックで包装する際に微細な隙間から外部の空気と接触することで、長時間放置した場合は変質することもあります。賞味期限は6カ月が基本ですが、検査を通過した製品は1年まで可能です。長期の保管は25度以下の涼しい場所が適していて、開封したナチュラルウォーターは冷蔵庫に入れなければなりません。水の色が変わったりガスが発生してボトルがボコっと膨張していたら、傷んだ状態です。

① 생수를 대량으로 구입하면 변질되기 쉬우므로 되도록 삼가야 한다.

　　→ ナチュラルウォーターを大量に購入すると変質しやすいので、なるべく控えた方がいい。

❷ 검사에 합격한 제품은 기본 유통 기한보다 오래 보관할 수 있다.

　　→ 検査に合格した製品は、基本の賞味期限より長く保管できる。

③ 생수병의 제조 과정에서 병이 부풀어 오를 수가 있다.

　　→ チュラルウォーターのボトル製造過程で、ボトルが膨らむことがある。

④ 개봉한 생수는 25도 이하의 햇볕이 들지 않는 장소에 두어야 한다.

　　→ 開封したナチュラルウォーターは25度以下の日の当たらない場所に置かなければならない。

2）内容一致問題

충남 당진과 아산을 연결하는 장소에 자리한 놀이동산이 입소문을 타고 있다. 특히 세계에서 유일한 논두렁 뷰 대관람차가 화제가 되고 있다. 관람차에서 내려다보이는 시골 풍경은 감성을 풍요롭게 만든다. 저녁놀 물드는 해 질 녘이면 커플들의 사진 촬영으로 자리 경

解 答

쟁도 치열하다. 대형 테마파크와 규모는 비할 바가 아니지만 복고풍의 감성을 즐기기에 최적의 장소이다. 회전목마나 낡은 간판은 여행객들에게 최고의 피사체가 된다. 입장료가 없으므로 자유롭게 출입하여 사진만 찍고 나와도 된다.

［日本語訳］

　チュンナム（忠南）タンジン（唐津）とアサン（牙山）を繋ぐ場所に位置する遊園地が評判になっている。特に世界で唯一の畔を見渡せる大観覧車が話題になっている。観覧車から見下ろす田舎の風景は、感性を豊かにしてくれる。夕焼けに染まる夕暮れ時には、カップルたちの写真撮影のための場所取り競争が熾烈だ。大型テーマパークとは規模が比較にならないが、レトロな感性を楽しむには最適な場所だ。回転木馬や古びた看板は、旅行客にとって最高の被写体になる。入場料が無いため自由に出入りして、写真だけ撮ってきてもいい。

① 영화 촬영지로 알려져 젊은 세대들에게 입소문을 타고 있다.

→ 映画の撮影地として知られ、若い世代の間で評判になっている。

② 향토 요리 맛집과 카페가 즐비하여 주말이면 많은 인파가 몰린다.

→ 郷土料理のうまい店やカフェが並び、週末には多くの人波が押し寄せる。

❸ 놀이 기구를 타며 감상하는 농촌 풍경이 여행객들에게 화제가 되고 있다.

→ アトラクションに乗って観賞する農村の風景が、旅行客の間で話題になっている。

④ 추억을 남기는 기념 사진 촬영이 무료로 제공된다.

→ 思い出となる記念写真撮影が、無料で提供される。

解 答

5 対話文を聞いて、2つの問いに答える問題（選択肢は活字表示）

〈各2点〉

여 : 가족 중에 확진자가 있어서 보건소로부터 문자를 받았는데요. 동거인은 어떻게 해야 하나요?

남 : 예방 접종 여부와 상관없이 격리 면제입니다. 그러나 사흘 이내로 PCR검사를 받아야 하고 음성 확인 시까지 자택 대기를 권고합니다.

여 : 경증인 확진자는 이틀 정도 해열제를 복용하면서 재택 치료를 받으면 대부분 호전된다고 들었는데 맞나요?

남 : 네. 하지만 숨이 가쁘거나 발열, 오한 등 증상이 악화될 때는 의료 기관에 신속히 연락해야 합니다. 고령자, 고위험군, 기저질환자들도 각별한 관리가 필요합니다.

여 : 증상이 완화된 후에도 마른 기침이나 피로감, 후각 신경의 기능 저하 등 후유증으로 고생하는 분도 계시다고 들었는데요.

남 : 네. 입맛이 떨어지거나 드물게 성대 손상을 가져오는 경우도 있지만 대개 한 달 정도 지나면 완치되는 것으로 보고 있습니다. 개개인의 중증도와 회복력에 따라 차이는 있지만 이러한 후유증들은 염증 피해가 복구되는 과정이므로 너무 염려하지 않으셔도 될 것 같습니다.

[日本語訳]

女 : 家族に陽性者が出て保健所からメールを受け取ったのです。同居人はどうすればよいでしょうか？

男 : 予防接種の有無に関わらず隔離免除です。ですが三日以内にPCR

解 答

検査を受けなければなりませんし、陰性の確認が取れるまで自宅待
機をお勧めします。

女：軽症の患者は二日ほど解熱剤を服用しながら在宅治療を受ければ、
ほとんど良くなると聞きましたがそうでしょうか？

男：はい。しかし息が苦しかったり発熱、悪寒など症状が悪化する場合
は、速やかに医療機関に連絡しなければなりません。高齢者、ハイ
リスク者、基礎疾患患者も特に管理が必要です。

女：症状が治まってきた後も乾いた咳や疲労感、嗅覚神経の機能低下な
ど後遺症に悩まされる方もいらっしゃると聞きましたが。

男：はい。食欲が落ちたり、まれに声帯の損傷をもたらす場合もありま
すが、大体一カ月ぐらい過ぎると完治するものと見ています。個々
人の重症度と回復力によって差はありますが、このような後遺症は
炎症による被害が快復していく過程ですから、あまり心配なさらな
くても大丈夫だと思います。

【問1】 対話を通して分かる内容を選ぶ問題

① 동거인은 4일 이내로 병원에서 검사를 받아야 한다.

　　→ 同居人は4日以内に病院で検査を受けなければならない。

② 동거인은 접종 완료 여부에 따라 격리가 면제될 수 있다.

　　→ 同居人は接種完了有無により隔離が免除される。

❸ 후유증은 염증이 복구되는 과정이므로 크게 걱정할 필요는 없다.

　　→ 後遺症は炎症が治っていく過程なので、あまり心配する必要はない。

④ 확진자가 격리 장소를 이탈할 경우는 법적 조치가 내려진다.

　　→ 陽性者が隔離場所を離れた場合は法的措置が課される。

解 答

【問2】　後遺症の症状として言及<u>されていない</u>内容を選ぶ問題

❶ 가끔 호흡에 곤란을 느낀다.　　→ 時々呼吸に支障を感じる。

② 성대가 손상되는 경우가 있다.　→ 声帯が傷つく場合がある。

③ 후각 신경의 기능이 저하된다.　→ 嗅覚神経の機能が低下する。

④ 식욕을 잃는 경우가 있다.　　　→ 食欲を失う場合がある。

6　文章を聞いて、２つの問いに答える問題（選択肢は活字表示）

〈各２点〉

　　5 월 31일은 세계 금연의 날이다. 흡연의 유해성을 알리고 담배 없는 세상을 만들겠다는 취지다. 1987년 지정된 후 올해로 35년째인데 흡연율을 낮추는 데 기여했다. 우리나라만 보더라도 성인 흡연율이 2020년 34%로 1998년과 비교하면 반 토막이 됐다. 흡연 피해 사진을 담뱃갑에 인쇄하는 등 금연 정책을 시행한 결과다. 그럼에도 여전히 흡연자들이 존재한다. 뉴질랜드의 새로운 금연 정책은 시사하는 바가 크다. 흡연율이 상당히 낮은 편인데도 더 낮추겠다고 2008년 이후 출생자의 담배 구매를 규제했다. 다만 전자 담배는 예외로 했다. 100% 뿌리 뽑을 수 없다면 덜 해로운 대체재로 유도하겠다는 의도이다. 실제로 흡연율 감소에 기여했다. 우리도 낡고 일률적인 금연 정책에서 벗어나 덜 해로운 차악을 대체재로 활용하는 발상의 대전환이 필요해 보인다.

[日本語訳]

　　5月31日は、世界禁煙デーだ。喫煙の有害性を広め、たばこの無い世

解　答

界を作ろうというのが趣旨である。1987年に指定されてから今年で35年目となるが、喫煙率を下げるのに寄与した。わが国に限ってみても、成人の喫煙率が2020年に34％で、1998年と比較すると半分になった。喫煙被害を写した写真をたばこの箱に印刷するなど、禁煙政策を施行した結果である。それにもかかわらず、今もなお喫煙者は存在する。ニュージーランドの新たな禁煙政策は示唆に富んでいる。喫煙率は非常に低い方でありながら、さらに下げようと2008年以降出生者のたばこの購買を規制した。ただし、電子たばこは例外とした。100％根絶できないならば、より害の少ない代替品へ誘導しようという意図である。実際に喫煙率の減少に寄与した。私たちも古く一律的な禁煙政策から抜け出し、より害の少ない遮悪(しゃあく)を代替品として活用する発想の大転換が必要と思われる。

【問1】　文の内容と<u>一致しないもの</u>を選ぶ問題

① 세계 금연의 날이 지정된 지 30년이 넘었다.
　　→ 世界禁煙デーが指定されて30年が過ぎた。

❷ 우리나라의 성인 흡연율은 3년째 증가 추세를 보이고 있다.
　　→ わが国の成人喫煙率は、3年連続増加傾向を見せている。

③ 담배 포장에 흡연 피해 사진을 넣거나 하였다.
　　→ たばこの包装に喫煙による被害写真を入れたりした。

④ 뉴질랜드의 흡연율은 꽤 낮은 편이다.
　　→ ニュージーランドの喫煙率はかなり低い方だ。

【問2】　文の要旨として適切なものを選ぶ問題

① 담배 구매에 대한 규제가 흡연율 감소에 기여했다.

解　答

→ たばこの購買に対する規制が、喫煙率減少に寄与した。

② 비흡연자들의 권리만을 주장하는 것은 어폐가 있다.

→ 非喫煙者たちの権利だけを主張するのは語弊がある。

③ 흡연자와 금연자의 공존을 인정하는 금연 정책이 요구된다.

→ 喫煙者と禁煙者の共存を認める禁煙政策が求められる。

❹ 차선책으로 금연을 유도하는 발상의 전환이 필요하다.

→ 次善策として禁煙を誘導する発想の転換が必要だ。

7　文脈に沿って翻訳する問題　　　　　　　　　　〈各 2 点〉

1) 나의 ①(착잡한 속내를) 알아챘는지 그는 ②(눈시울을 붉혔다.)

→ 私の①(複雑な胸の内を)察知したのか、彼は②(目を赤くした／涙目になった。)

2) 또 ①(철딱서니 없이) 구는 바람에 부모님한테 ②(혼쭐이 났다.)

→ また①(分別なく)振る舞ったので、親に②(ひどく叱られた。)

3) 그동안 ①(지지부진하던) 문제들이 선거를 계기로 ②(급물살을 타게 되었다.)

→ この間①(遅々として進まなかった)問題が、選挙をきっかけに②(急展開を見せた。)

4) 서두르다가 그만 ①(선반 모서리에) 세게 ②(정수리를 찧고 말았다.)

→ 急いでいてうっかり①(棚の角に)強く②(頭頂部をぶつけてしまった。)

54

解　答

8　文章の一部を書きとる問題　　　　　　　　　〈各2点〉

1 ）①(밋밋한) 단발이 싫증 나면 양 갈래로 ②(땋아 보려무나).

　　→ 平凡なショートヘアに飽きたら、二つに分けて編んでごらん。

2 ）서랍에 제습제를 넣었더니 ①(눅눅해진) 속옷들이 ②(뽀송뽀송)
　　해졌다.

　　→ 引き出しに除湿剤を入れたら、湿っぽかった下着が乾いてサラサラになった。

3 ）그는 누구에게나 ①(깍듯이) 예의를 갖추고 ②(나긋나긋한) 말투
　　로 사람들을 대한다.

　　→ 彼は誰に対してもきちんと礼儀正しく、柔らかな言葉遣いで人に接する。

4 ）이번에도 ①(어물쩍) 넘어가려 해서 따졌더니 ②(묵묵부답)이었다.

　　→ 今回も曖昧にごまかそうとしたので問い詰めると、黙りこくるのだった。

解　答　　（＊白ヌキ数字が正答番号）

筆記 解答と解説

1 空欄補充問題（語彙問題）　　　　　　　　　　〈各1点〉

1) 충분한 여론 수렴과 뚜렷한 대안 없이 추진된 이번 정책은 정부의 (졸속)행정이라는 비판을 받았다.

　→ 十分な世論の集約と明確な代案なしに推進された今回の政策は、政府の(拙速)な施策だという批判を受けた。

① 민첩　→〈敏捷〉敏捷　　　② 자진　→〈自進〉自ら進んで動くこと

③ 질타　→〈叱咤〉叱咤　　　❹ 졸속　→〈拙速〉拙速

学習Ｐ 適切な漢字語名詞を選ぶ問題。正答④の졸속(拙速)は「手抜き、いい加減なやり方で急いで進める」の意味で使われる。

2) 그는 스승의 말이라면 죽는 (시늉)이라도 하는 사람이었다.

　→ 彼は師匠の言うことなら死ぬ(真似)でもやる人間だった。

① 배짱　→ 度胸　　　❷ 시늉　→ 真似

③ 자국　→ 跡　　　　④ 발뺌　→ 言い逃れ

学習Ｐ 適切な固有語名詞を選ぶ問題。正答②の시늉は「真似、ふり」の意味で、죽는 시늉이라도 하다は、「死んだふり／真似をする、言われた通り何でもする」の意味で使われる。

3) 아이는 한참을 보채다가 (제풀에) 지쳐서 곯아떨어졌다.

　→ 子どもはしばらくの間むずかったが、(おのずと)疲れ果てて眠りについた。

① 무작정　→ やみくもに　　　② 선불리　→ 下手に

56

解 答

❸ 제풀에　→　おのずと　　　④ 간신히　→　辛うじて

学習Ⓟ 適切な副詞を選ぶ問題。正答③の제풀에は「ひとりでに、おのずから、自然に」の意味で、「他からの力は加わることなく自然にそうなるさま」を表す時に使われる。

4) 승리감에 (도취된) 나머지 동료의 부상을 눈치채지 못했다.
　→　勝利に(酔う)あまり、同僚の負傷に気付けなかった。

① 마취된　→〈麻醉-〉酔った　　② 탈취된　→〈奪取-〉奪い取られた
③ 착취된　→〈搾取-〉搾取された　❹ 도취된　→〈陶醉-〉酔った

学習Ⓟ 適切な漢字語動詞を選ぶ問題。正答④の도취(陶醉)되다は、「気を取られる、ほれる、酔う」などの意味で、아름다운 경치에 도취되다のように使われる。

5) 토라져서 (흘겨보는) 모습이 귀엽기만 하다.
　→　すねて(睨む)姿がかわいすぎる。

① 굽어보는　→ 見下ろす　　❷ 흘겨보는　→ 睨(にら)む
③ 넘보는　→ 見下す　　④ 밉보는　→ 憎む

学習Ⓟ 適切な固有語動詞を選ぶ問題。正答②の흘겨보다は「横目で睨む、ぎょろっと見つめる」の意味。토라져서(すねて、ふてくされて)とのつながりが一番自然なのは②。

6) (모질게) 들릴지 모르겠지만 앞으로 부모한테 손 벌릴 생각은 마라.
　→　(酷に)聞こえるかも知れないが、今後親に金を無心する考えはするな。

❶ 모질게　→ 酷に　　② 달갑게　→ ありがたく
③ 후하게　→ 手厚く　　④ 벅차게　→ 手ごわく

学習Ⓟ 適切な形容詞を選ぶ問題。正答①の모질다は、「(程度が)激しい、がまん強い、酷い、きつい」などの意味。마음을 모질게 먹다は「心を鬼にする」の意。

解 答

7) 조선 시대의 미인도는 얼굴이 둥그스름하고 반듯한 게 (참한) 얼굴을 하고 있다.

→ 朝鮮時代の美人図は、顔が丸みを帯びて整っていて(しとやかな)顔をしている。

① 박한　→ 薄情な　　② 허한　→ がっちりしていない

❸ 참한　→ しとやかな　　④ 습한　→ 湿っている

学習Ⓟ　適切な形容詞を選ぶ問題。正答③の참하다は、「しとやかだ、慎ましい、おとなしい」などの意味で、性格や品行、行動などが「ちょうどいいぐらい優れている」というニュアンスで使う褒め言葉。

8) 약을 먹여도 (콜록콜록) 기침을 해대는 걸 보니 아무래도 병원에 가야겠다.

→ 薬を飲ませても(ゴホンゴホンと)咳こむのを見ると、やはり病院に行くべきだ。

① 질퍽질퍽　→ じめじめ　　❷ 콜록콜록　→ ゴホンゴホン

③ 주절주절　→ ごちゃごちゃ　④ 꿀꺽꿀꺽　→ ごくごく

学習Ⓟ　適切な擬声擬態語を選ぶ問題。正答②の콜록콜록もしくは쿨럭쿨럭は、咳の音を表す代表的な擬声語。

9) A : 박 대리가 맞선 본다고 하니까 김유미 씨가 못 참고 먼저 고백했대요.

B : 아니 그렇게 좋아하면서 여태 (내숭을) 떨었던 거야?

→ A : パク代理がお見合いをするといったら、キム・ユミ氏が耐えかねて先に告白したそうよ。

B : まあ、そんなに好きなくせに今まで(気のない素振りを)していたの?

① 변덕을　→ 気まぐれを　　② 오기를　→ やせがまんを

③ 익살을　→ おどけを　　❹ 내숭을　→ 猫かぶりを

解 答

学習P 連語を問う問題。正答は④。떨다は名詞と共起して連語を作ることが多い動詞。능청을 떨다(しらを切る)、수다를 떨다(おしゃべりをする)など。選択肢①변덕、③익살も떨다と共起できるが、この対話文には不適当。

10) 어디 초상이라도 (난) 줄 알았네. 그만 울어.

→ 不幸でも(あった)のかと思ったよ。もう泣かないで。

① 친 → 打った　　　❷ 난 → あった

③ 뜬 → 昇った　　　④ 떤 → 震えた

学習P 連語を問う問題。正答は②の초상(喪)이 나다(不幸に会う)。나다は「起こる、発生する」の意。誤答の치다、뜨다、떨다はそもそも초상と共起しない。

---

2 空欄補充問題(慣用句・四字熟語・ことわざ問題)　　〈各1点〉

1) 미리 말했다가 괜히 (부정 탈까 봐) 가만히 있었어.

→ 前もって言うとなんだか(悪いことでも起こりそうで)黙ってたんだ。

① 허물을 벗을까 봐 → 汚名が晴れそうで

② 입이 짧을까 봐 → 好き嫌いがありそうで

③ 도를 닦을까 봐 → 修行を積みそうで

❹ 부정 탈까 봐 → 悪いことでも起こりそうで

学習P 適切な慣用句を選ぶ問題。正答④の부정을 타다は、「縁起が悪い、たたりを受ける、悪いことが起こる、うまくいかない」などの意味で使われる。

2) A : (사주 보러) 안 갈래? 옆 동네에 용한 점집이 있대.

　　B : 또 가? 지난달에도 갔잖아.

解 答

→ Ａ：(運勢を見に)行かない？ 隣町によく当たる占いがあるんだって。
　Ｂ：また行くの？ 先月も行ったじゃない。

① 맥을 짚으러　　→ 脈を取りに
② 눈도장 찍으러　→ 目にとまるように
❸ 사주 보러　　　→ 運勢を見に
④ 비위 맞추러　　→ 機嫌を取りに

学習Ｐ 適切な慣用句を選ぶ問題。③にある사주は「四柱推命」のこと。文中の용한 점집が手がかりになり、正答は③。

3）앞에서는 언론의 자유와 독립을 말하면서 뒤에서는 통제와 장악
　을 획책하여 (양두구육)의 행태를 보이고 있다.

→ 表では言論の自由と独立を謳いながら、裏では統制と掌握を画策し(羊頭狗肉)の姿を見せている。

① 견강부회　→ 〈牽強付会〉自分の都合のいいように無理に理屈をこじつけること
❷ 양두구육　→ 〈羊頭狗肉〉見かけが立派で実質がこれに伴わないこと
③ 권토중래　→ 〈捲土重来〉一度敗れたものが再び勢いをもりかえしてくること
④ 삼고초려　→ 〈三顧草廬〉真心から礼儀を尽くして優れた人材を招くこと

学習Ｐ 適切な四字熟語を選ぶ問題。양두구육は、直訳すれば「羊頭を掲げて狗肉を売る」という表現。

4）(되로 주고 말로 받는다고), 괜히 원한 살 일 만들지 말고 당신
　이 참아요.

→ (些細なことでも何倍も大きくなって返ってくるというから)、無駄に恨みを買うようなことはやめてあなたが我慢して。

① 목구멍이 포도청이라고

　→ 背に腹は代えられないというから

解 答

② 가재는 게 편이라고

→ 自分と似た人の味方をしがちだというから

❸ 되로 주고 말로 받는다고

→ 些細なことでも何倍も大きくなって返ってくるというから

④ 냉수 먹고 이 쑤신다고

→ 中身がないくせにあるような振りをするというから

学習Ｐ 適切なことわざを選ぶ問題。正答③の되로 주고 말로 받는다は、直訳すると「一升枡で与えて一斗枡で得る」という意味だが、「些細なことでも何倍も大きくなって返ってくる、他人を困らせると何倍もの報いを受ける」というネガティブな意味で使われることが多い。

3 下線部と置き換えが可能なものを選ぶ問題 〈各１点〉

１）내가 한쪽 눈 찡긋하면 들입다 뛰는 거다. 알았지?

→ 私が片目で合図したら一目散に走るんだよ。わかったね？

① 죄다 → すべて ② 게다 → その上

③ 못다 → ～できない ❹ 냅다 → 一目散に

学習Ｐ 置き換えが可能な副詞を選ぶ問題。問題文にある들입다は「やたらに、むやみに、一目散に」の意味で、「いきなり、一気に激しくするさま」を表すので④の냅다と置き換えが可能。

２）쓸데없이 동생 도와준답시고 편들다가 괜히 야단을 맞은 셈이다.

→ いたずらに弟を助けるとかいって味方して、無駄に叱られたわけだ。

① 등골이 빠진 → 骨身を削った

解　答

❷ 매를 번　→ 余計なことして叱られた

③ 용을 쓴　→ 力を振り絞った

④ 날을 세운　→ 精神を集中させた

学習P 置き換えが可能な慣用句を選ぶ問題。②の매를 벌다は「(黙っていればよかったのに)」余計なことをして叱られる、怒りを買う」などの意味で使われるので、文中の状況で置き換えが可能。正答は②。

3) 예산안 통과의 법정 시한을 핑계로 얼렁뚱땅 건성으로 처리하려고 한다.

→ 予算案可決の審議期限を口実に、どさくさ紛れに適当に処理しようとしている。

❶ 주마간산 식으로　→〈走馬看山-〉大雑把に

② 절차탁마 식으로　→〈切磋琢磨-〉切磋琢磨し

③ 건곤일척 식으로　→〈乾坤一擲-〉乾坤一擲の

④ 낭중지추 식으로　→〈嚢中之錐-〉嚢中の錐のように

学習P 置き換えが可能な四字熟語を選ぶ問題。正答①の주마간산は直訳すると「馬に乗って走りながら山を観る」の意味で、「大雑把に目を通す」さまを表す。

4) 무슨 염치로 또 빈손으로 온 거야.

→ 厚かましくまた手ぶらで来たんだ。

① 도랑 치고 가재 잡는다더니

→ どぶをさらってザリガニを捕まえるというけれど

② 꾸어다 놓은 보릿자루처럼

→ 話に加わらずに隅で黙っている人のように

③ 망건 쓰다 장 파한다고

→ 頭巾を被ってる間に市場が閉まるというから

解　答

❹ 벼룩도 낯짝이 있다는데

　　→ 蚤^{のみ}にも面の皮があるというのに

（学習Ｐ）　置き換えが可能なことわざを選ぶ問題。　正答④の벼룩도 낯짝이 있다는데는、意訳すれば「図々しいにもほどがあるのに」。酷く図々しい人、厚かましい人のたとえでよく使われる。

【4】　空欄補充問題（文法問題）　　　　　　　　　　　〈各1点〉

1) 젊은 사람이 사정이 참 딱하네(그려).

　　→ 若いのに、事情がとても気の毒(だな)。

　　① 나마 → 〜ではあるが　　　② 마는 → 〜だけれども

　　❸ 그려 → 〜だな　　　　　　④ 그래 → 〜だね

（学習Ｐ）　適切な助詞を選ぶ問題。正答③の－그려は、話した内容を強調するときに使う助詞。主に－게나、－세、－네などの終止語尾につけて使う。選択肢④の그래は、よく－구먼、－군につけて使用する。

2) 누가 나 잘 되려고 (아부한답디까?)

　　→ 誰が自分の得のために(おべっか使うっていうんですか?)

　　① 아부하는구먼요.　　→ おべっか使うんですね。

　　❷ 아부한답디까?　　→ おべっか使うっていうんですか?

　　③ 아부하려무나.　　→ おべっか使いなさい。

　　④ 아부하거들랑.　　→ おべっか使えば。

（学習Ｐ）　適切な語尾を選ぶ問題。正答②の－(는／ㄴ)답디까は、－(는／ㄴ)다고 합디까の略語。聞き手が聞いたことについて疑問を表す表現。

解 答

3) 미리 귀뜸 좀 (해 주면 어디가 덧나냐.)

→ 事前に耳打ち(してくれればよかったのに。)

① 해 주면 다야?　　　→ してくれたらそれでいいの?

② 해 줄 게 뭐람.　　　→ するぐらい何だっていうの。

③ 해 주기 일쑤다.　　　→ するのがお決まりだ。

❹ 해 주면 어디가 덧나냐.　→ したら何が悪いの。

学習P 適切な慣用表現を選ぶ問題。正答④の-(으)면 어디가 덧나냐は意訳すれば「〜してくれればよかったのに」。相手を責めるニュアンスを持った表現。

4) (버는 족족) 탕진하고 있는 것 같아 큰일이다.

→ (稼ぐそばから)使いつくしているようで大変だ。

① 버는 주제에　→ 稼ぐ身で

❷ 버는 족족　　→ 稼ぐそばから

③ 벌 바에야　　→ 稼ぐからには

④ 버는 통에　　→ 稼いだはずみで

学習P 適切な慣用表現を選ぶ問題。正答②の-는 족족は、「〜するたびに」、「〜するそばから」の意味。

5 空欄に入れるのに適切ではないものを選ぶ問題　〈各1点〉

1) 그 말 한마디 했다고 종일 (×누추한) 얼굴로 있을 거야?

→ その一言を言ったからって一日中(×むさ苦しい)顔でいるつもりなの?

① 못마땅한　→ 気に食わない　❷ 누추한　→ むさ苦しい

64

解　答

③ 마뜩잖은　→ 不満な　　　④ 뚱한　　→ むっつりした

学習Ⓟ 不適切な表現を 1 つ選ぶ問題。①③④の 3 つの単語には「不満な、気に食わない」の意味があるが、②の누추하다は「むさ苦しい、薄汚い」の意味で否定的な意味を持つ言葉。そもそも얼굴と共起しないので不適切。正答は②。

2) 신분증을 위조한 것이 (×거덜이 나서) 현장에서 연행되었다.

　　→ 身分証を偽造したのが(×倒産して)現場で連行された。

① 들통이 나서　　→ ばれて

② 탄로가 나서　　→ ばれて

③ 덜미를 잡혀서　→ 悪事がばれて

❹ 거덜이 나서　　→ 倒産して

学習Ⓟ 不適切な表現を 1 つ選ぶ問題。①②③の 3 つの表現には「ばれる」の意味があるが、④の거덜이 나다は、「つぶれる、すりきれる」の意味なので不適切。

3) 당장 입에 (×풀칠해 버릇하는데) 지금 그게 문제예요?

　　→ すでに(×食べるのに事欠き慣れたのに)今それが問題ですか?

① 풀칠하게 생겼는데　→ 食べるのに事欠くのに

② 풀칠할 지경인데　　→ 食べるのに事欠くのに

③ 풀칠할 판국인데　　→ 食べるのに事欠くのに

❹ 풀칠해 버릇하는데　→ 食べるのに事欠き慣れたのに

学習Ⓟ 不適切な表現を 1 つ選ぶ問題。①②③の 3 つの表現には「〜しそうだ、〜するところだ」の意味があるが、④の풀칠해 버릇하는데は、「〜に慣れる、〜を繰り返す」の意味なので不適切。正答は④。

解 答

6 下線部の誤用を選ぶ問題 〈各 1 点〉

1) 차다

① 운동장 두 바퀴를 뛴 학생들은 숨이 <u>차서</u> 주저앉았다.
  → 運動場を二周走った学生たちは、息が<u>切れて</u>座り込んだ。

② 창고에 습기가 <u>차서</u> 곰팡이가 슨 거 같아요.
  → 倉庫に湿気が<u>こもって</u>カビが生えたみたいです。

③ 홀짝홀짝 마시다가 성에 안 <u>찼는지</u> 병째 마시기 시작했다.
  → ちびちび飲んでいたけれども<u>満足し</u>なかったのか、瓶ごと飲み始めた。

❹ 빠져나갈 틈이 모두 <u>차서(×)→막혀서(○)</u> 도망갈 방법이 없었다.
  → 抜け出す隙が全部<u>埋まって</u>逃げる術が無かった。

学習Ⓟ 차다の誤用を選ぶ問題。正答④の틈이 차다は不自然な結合で틈이 막혀서、틈이 없어서などと表現する。

2) 걷다

① 비가 금방이라도 쏟아질 것 같으니 빨래 좀 같이 <u>걷자</u>.
  → 雨が今にも降りだしそうだから、洗濯物を一緒に<u>取り込も</u>う。

② 얼룩 묻으면 안 되니까 소매 <u>걷고</u> 해요.
  → シミが付くといけないから、袖を<u>まくって</u>やってください。

❸ 천천히 책장을 <u>걷으며(×)→넘기며(○)</u> 읽어내려가기 시작했다.
  → ゆっくりとページを<u>めくり</u>ながら<u>読み</u>すすめていった。

④ 정기 모임에서 <u>걷은</u> 회비가 백만 원을 웃돌았다.
  → 定期大会で<u>集めた</u>会費が百万ウォンを上回った。

解　答

学習P 걷다の誤用を選ぶ問題。正答③の책장을 걷다は不自然な結合で、책장을 넘기다と表現する。

7 下線部の言葉と最も近い意味で用いられた文を選ぶ問題 〈各2点〉

1) 그 돈 언다 썼는지 바른대로 대지 못해?

→ あのお金をどこに使ったのか正直に言いなさい。

① 억울하면 변호사를 대든가 알아서 하세요.

→ 悔しければ弁護士を付けるなり、自分でやってください。

② 책받침을 대고 쓰면 더 잘 써질 거야.

→ 下敷きを敷いて書けばもっと綺麗に書けるはずだよ。

③ 요 앞에 차 대다가 접촉 사고가 났어요.

→ ここの前に車を付けようとして、接触事故が起こりました。

❹ 알리바이를 대지 못하면 공범으로 몰릴 수도 있다.

→ アリバイを明らかにできなければ、共犯として追い込まれることもある。

学習P 動詞대다の用法の使い分けを問う問題。問題文のバルミ대로 대지 못해の대다は「(事実を)明らかに言う」の意味なので、これと類似した用法は④。

2) 제때 마무리 못 하고 질질 끄는 거 딱 질색이다.

→ 決めた通りに仕上げられず、ダラダラと引き延ばすのは本当にうんざりだ。

① 소를 논으로 끌고 가는 이장님을 만났다.

→ 田んぼに牛を引いていく村長さんに会った。

② 그녀는 말끝을 끄는 버릇이 있었다.

→ 彼女は語尾を伸ばす癖があった。

67

解 答

❸ 끌면 끌수록 너만 손해인 거 몰라?

→ 引き延ばせば引き延ばすほど、お前だけ損をするのがわからないの？

④ 파격적이고 독특한 디자인으로 이목을 끌었다.

→ 型破りで独特なデザインで注目を浴びた。

学習P 動詞끌다の用法の使い分けを問う問題。問題文のまつり 못 하고 질질 끌
다の끌다は「引きずる、延期する」の意味なので、これと類似した用法は③。

8 正しい文を選ぶ問題 〈各1点〉

1) ① 돈 씀씀이가 거세서(×)→헤퍼서(○) 여태 적금 하나 못 들었다.

→ 金遣いが荒くて今まで積み立て一つできなかった。

❷ 입심이 좋고 싹싹해서 사람들의 호감을 샀다.

→ 口達者で愛想がよく、周りから好かれた。

③ 출근 첫날부터 태도가 크다고(×)→건방지다고(○) 지적을 받
았다.

→ 出勤初日から態度が生意気だと指摘を受けた。

④ 인사성이 어두워서(×)→없어서(○) 늘 주의를 받는 편이다.

→ 挨拶もろくにできないと、常に注意を受ける方だ。

学習P 正しい文を見つけ出す問題。名詞と形容詞が結びついた連語が自然なのかを
確認する。正答②の입심이 좋다は「口達者だ」という意味。選択肢④の인사성
은、인사성이 밝다(毎度挨拶する、礼儀正しい)の表現でもよく使われる。

2) ❶ 온 김에 추석까지 쇠고 천천히 돌아가겠습니다.

→ 来たついでに秋夕まで過ごしてゆっくり帰ります。

解　答

② 신인 배우들만 기용했는데 대박이 올랐더라고요(×)→났더라고요(○).

　→ 新人俳優だけを起用したのに、大ヒットしましたよ。

③ 장난감을 사 달라고 또 생떼를 떠는(×)→쓰는(○) 것이었다.

　→ おもちゃを買ってほしいと、またおねだりをするのだった。

④ 사람이 죄를 달았으면(×)→지었으면(○) 벌을 받아야지.

　→ 人は罪を犯したなら、罰を受けなければならない。

学習P 正しい文を見つけ出す問題。名詞と動詞が結びついた連語が自然なのかを確認する。選択肢①の추석을 쇠다(秋夕を過ごす)が正答。

3）① 감히 임금의 명을 거역할 수 있었다(×)→거역하다니(○).

　→ 恐れ多くも王の命令に背くとは。

② 용케도 못 버틸 거라며(×)→잘 버텼구나 하며(○) 위로해 주었다.

　→ よく持ち堪えたもんだと慰めてくれた。

③ 술 좀 작작 마시면(×)→마셔(○). 몸이 상하지 않을까?

　→ お酒はほどほどにしなさい。体を壊すよ。

❹ 어떤 취지의 모임인지 딱히 와닿지는 않는다.

　→ どんな趣旨の会合なのか、はっきり伝わってこない。

学習P 正しい文を見つけ出す問題。副詞とつながる文末の表現や接続形の表現が自然なのかを確認する。選択肢④の딱히 와닿지는 않는다が正答。

第59回　筆記　解答と解説

解 答

9 空欄補充問題(対話問題) 〈各1点〉

1) A : 주 4일제를 실험적으로 검토하는 나라도 있더라.

 B : 우리 회사는 주 5일제로 바뀐 것도 최근인데 와 부럽네.

 A : 현실적으로 실행하기는 좀 어렵지 않을까? 근무 환경이 달라서.

 B : (5일제건 4일제건 난 칼퇴근이나 좀 했으면.)

 A : 그러게 나도 오늘 상사 눈치 보느라 진땀 흘렸어.

→ A : 週休3日制を実験的に検討する国もあるそうだ。
 B : うちの会社は週休2日制に変わったのも最近なのに、なんて羨ましい。
 A : 現実的に実施するには少し難しいと思うよ。勤務環境が違うから。
 B : (2日制にしろ3日制にしろ、私は定時上がりでもしてみたいよ。)
 A : そうだね、僕も今日上司の顔色をうかがうのに冷や汗をかいたよ。

① 근무 수당만 변함 없으면 완전 신의 직장이네.

 → 勤務手当だけ変わらなければ、完璧な【直訳：神の】職場だね。

② 재택 근무할 때 24시간 대응한 적도 있어.

 → 在宅ワークの時、24時間対応したこともあるよ。

❸ 5일제건 4일제건 난 칼퇴근이나 좀 했으면.

 → 2日制にしろ3日制にしろ、僕は定時上がりでもしてみたいよ。

④ 대신 출근 시간이나 좀 앞당겨 줬으면 좋겠어.

 → 代わりに出勤時間でも少し早めてくれるといいな。

学習Ｐ 最後のAのリアクション「僕も今日上司の顔色をうかがうのに冷汗をかいたよ」からみて、( )に入りえるBの話は③が正答。他の選択肢は内容的に次につながらない。

2) A : 한식 조리사 2년차이신데 어떤 계기로 조리사 자격증을 취득하셨어요?

解 答

B : 군대에서 취사병 하면서 삼시 세끼 만들었는데 성취감이 크
　　더라고요.

A : 실제로 일해 보시니까 자격증이 있고 없고가 크게 다르던가요?

B : (식재료 관리에 대한 지식에서 큰 차이가 있습니다.)

A : 해동을 잘못해서 균이 번식하는 경우도 있다고 들었어요.

→ A : 韓食の調理師2年目になられますが、何をきっかけに調理師免許を取
　　得されましたか？
　B : 軍隊で炊事兵をしながら朝、昼、夕の三食を作ったのですが、達成感
　　が大きかったんです。
　A : 実際にお仕事をされてみて、資格証があるのと無いのとでは大きく違
　　いがありますか？
　B : (食材の管理に関する知識に大きな差があります。)
　A : 解凍を失敗して菌が繁殖する場合もあると聞きました。

① 노련한 손맛보다 노력한 시간들을 더 높이 사게 됩니다.
　　→ 熟練の味よりも努力した時間をより高く買うようになります。

② 이론과 실기를 겸비하면 아무래도 급여가 높아집니다.
　　→ 理論と実技を兼ね揃えると、どうしても給与が高くなります。

③ 유통기한 날짜를 꼼꼼히 확인하는 것을 놓치면 안 되니까요.
　　→ 賞味期限の日にちを細かく確認するのを忘れてはいけないからです。

❹ 식재료 관리에 대한 지식에서 큰 차이가 있습니다.
　　→ 食材の管理に関する知識に大きな差があります。

学習P 最後のAのリアクション「解凍に失敗して菌が繁殖する場合もあると聞き
ました」からみて、④が正答。「資格証の有無による違い」を聞かれたので他
の選択肢は内容的につながらない。

3) A : 동물 학대 행위는 처벌이 강화돼서 3천만 원 이하 벌금형으로
　　바뀌었대.

　B : 과태료는 일정한 의무를 이행하지 않아서 내는 거고 벌금은 범

解 答

　죄자에게 부과하는 형벌이니 잘 된 거네.

A : (맘에 안 든다고 유기하는 사람은 찾아내서 꼭 처벌해야 돼.)

B : 그래서 반려동물은 관할 구청에 등록해야 한다는 지침이 있잖아.

→ A : 動物虐待行為は処罰が強化されて、３千万ウォン以下の罰金刑に変わったそうだ。

　　B : 過料は一定の義務を履行しないために払うものであって、罰金は犯罪者に科す刑罰だからよかったわ。

　　A : (気に入らないといって遺棄する人は、探し出して必ず処罰するべきだ。)

　　B : だからペットは管轄の区庁に登録しなければならないという指針があるじゃない。

① 소유주가 반려동물에 대한 애착이 크면 클수록 잘 지키더라.

　　→ ペットに対する飼い主の愛着が大きければ大きいほど、きっちり守るそうだ。

② 떠돌거나 버려진 동물들은 여유 있는 사람들이 데려다 키우면 좋겠어.

　　→ さまよったり捨てられた動物たちは、余裕のある人たちが連れていって飼うといい。

③ 목줄이나 입마개를 반드시 하라고 했는데 안 지키는 사람이 많아.

　　→ 首輪や口輪を必ず付けるように言っているが、守らない人が多い。

❹ 맘에 안 든다고 유기하는 사람은 찾아내서 꼭 처벌해야 돼.

　　→ 気に入らないといって遺棄する者は、探し出して必ず処罰するべきだ。

学習P 最後のＢのリアクション「だからペットは管轄の区役所に登録しないといけない方針があるじゃない」が手がかりとなり、④が正答。 他の選択肢は内容的につながらない。

4) A : 요즘 뭐 구입할 때마다 사은품으로 기업 로고 박힌 에코백을 주더라고.

72

解 答

B :（재사용하는 게 중요한 건데 소모품으로 전락한 거 같아.）

A : 그러게. 생산부터 폐기 과정을 따져 보면 비닐 봉투가 오히
려 더 친환경적이란 말도 있더라고.

B : 텀블러도 매번 세척할 때 사용되는 화학 세제를 생각하면 결
코 환경에 이롭진 않을 거 같아. 친환경 제품들이 오히려 독
이 되는 경우가 많대.

→ A : 近頃何かを買うたびに粗品として企業のロゴ入りのエコバッグをくれ
るのよ。
B :（繰り返し使うのが大事なことなのに、消耗品になり下がったみたいだ。）
A : そうだね。生産から廃棄過程を計算すると、ビニール袋の方がむしろ
環境に優しいという声もあるらしい。
B : タンブラーも毎回洗う時に使われる合成洗剤を考えると、決して環境
に良くはないと思う。エコな製品がかえって毒になる場合が多いらしい。

① 하나만 쓴다고 다 친환경운동이라 할 수도 없는 거구나.

→ 一つだけを使うといってもすべてが環境にやさしい活動だとは言い切れないも
のだな。

② 천연 소재로 만들어야 자원이나 에너지가 덜 들어간다고 해.

→ 天然素材で作ってこそ資源やエネルギー消費が少なくて済むらしい。

❸ 재사용하는 게 중요한 건데 소모품으로 전락한 거 같아.

→ 繰り返し使うのが大事なことなのに、消耗品になり下がったみたいだ。

④ 편의점 비닐 봉투가 금지된 이후부터 사용량이 늘어난 거 같아.

→ コンビニのビニール袋が禁止された後から使用量が増えたようだ。

学習P 二つ目のＡ、Ｂの話「環境に優しい製品といっても、使い方によって環境に
よくないものとなってしまう場合もある」という内容へのつながりからみ
て、③が正答。

解 答

10 読解問題 　　　　　　　　　　　　　　　〈各1点〉

현대 결혼식과 장례식의 핵심 요소로 자리 잡은 축의·조의금 봉투, 이른바 '부조'는 언제부터 시작된 관습일까. 혼례(婚禮)·상장례(喪葬禮)와 같은 애경사를 이웃끼리 서로 챙기는 관습은 이미 수백 년 전부터 있었지만, 그 형태와 취지는 현재와 크게 달랐다. 과거에는 큰일을 치를 때 일손이나 현물로서 '십시일반' 격으로 돕는 '품앗이' 성격이었다. 조선 시대까지만 해도 부조는 물건이건 돈이건 상관없이 자신의 형편에 따라 돕고자 하는 마음을 담아 표현하는 순수한 '예(禮)'였던 셈이다. 그러나 현대에는 부조록에 물품 대신 축의금 액수가 적히기 시작하고 완전히 보편화되었다. 사회 통념상 정해진 최소 금액이 있기에 청첩장이나 부고를 접할 때마다 주변 사람들에게 물어보며 눈치를 보는 일이 흔한 풍경이 됐다. 심지어 계좌 이체로 송금하거나 경조사비를 대신 내주는 인터넷 서비스까지 등장했다. '진심으로 축하, 애도하는 마음'이라는 본질은 희미해지고 '돈거래'라는 형식만 남게 되면서 (청첩장과 부고를 '고지서'라고 자조하는 목소리도 커지고 있다.) 최근에는 대안으로 극소수만 초대해 결혼식이나 돌잔치를 치르는 젊은 부부들도 늘고 있지만, 청첩장을 줄줄이 받아 들고 허리가 휜다고 호소하는 직장인들도 여전히 많다.

[日本語訳]

　現代の結婚式と葬式の核心的要素として位置づけられているご祝儀・香典、いわゆる「互助(扶助)」はいつから始まった慣習だろうか。婚礼、葬儀のような冠婚葬祭をお隣同士互いに手伝い助け合う慣習は既に数百年前からあったが、その形態と趣旨は現在とは大きく異る。過去には大きな行事を執り行うとき、人手や現物で「皆で少しずつ(十匙一飯)」を基

解　答

本に手伝う「仕事の助け合い」の性格だった。朝鮮時代までを見ても、互助は物であれお金であれ関係なく、自身の状況に合わせて助けようとする気持ちを込めて表現する純粋な「礼」であったわけだ。しかし現代では、芳名帳に物品の代わりにご祝儀の金額が記されるようになり、すっかり一般化した。社会通念上定められた最低金額があるため、招待状や訃報を接するたびに周囲の人に尋ねながら顔色を伺うことが、ありふれた光景となった。さらには口座振り込みで送金したり、慶弔費を代わりに出してくれるインターネットサービスまで登場した。「心から祝い哀悼する気持ち」としての本質は薄れ、「金銭のやり取り」という形式だけが残り（招待状と訃報を「納付書」だと自嘲する声も高まっている。）最近は代案として、極めて少ない人数だけを招待して結婚式や1歳のお祝いを行う若い夫婦も増えているが、招待状が次から次へと届いて身が持たないと嘆く会社員も依然としてたくさんいる。

【問1】　空欄補充問題

① 금전적, 시간적 면에서 맞벌이 부부들이 골머리를 앓고 있다.
　　→ 金銭的、時間的な面で共働きの夫婦たちが頭を抱えている。

❷ 청첩장과 부고를 '고지서'라고 자조하는 목소리도 커지고 있다.
　　→ 招待状と訃報を「納付書」だと自嘲する声も高まっている。

③ 공동체주의적 사회에서 개인주의적 사회로 변질되어 가고 있다.
　　→ 共同体主義的な社会から個人主義的な社会へと変質してきている。

④ '연말 정산보다 더 까다롭고 어려운 경조사비'라는 말까지 나오고 있다.
　　→ 「年末調整より更に面倒で難しい慶弔費」という言葉まで出ている。

학습Ｐ 　（　　）の前後の돈거래、허리가 휜다などが手がかりとなり、②の内容が正答となる。選択肢④は「過去にもらった分だけ返すのがいいかどうか」というのがポイントになっているので不適当。

解　答

【問2】 互助（扶助）文化に対する本文の内容と一致するものを選ぶ問題

① 적금을 붓는 마음으로 아예 매달 지출비 목록에 올린다.

　→ 積み立て金を払う気持ちで、最初から毎月の支出項目に上げる。

② 우리 정서 상 선뜻 청첩장에 계좌 번호를 적기는 쉽지 않다.

　→ 我々の情緒からして、快く招待状に口座番号を書くことは容易ではない。

③ 미풍양속으로서의 상호부조가 뇌물로 변질되는 것을 지양해야 한다.

　→ 良い慣わしとしての相互扶助が、賄賂に変質するのを止めなければならない。

❹ 과거의 부조 문화는 '백지장도 맞들면 낫다'는 성격이 강했다.

　→ 過去の助け合いの文化は「たやすいことでも共同ですればよりたやすい」という性格が強かった。

学習P 本文中の'십시일반'격으로 돕는 '품앗이' 성격이었다と、選択肢④の'백지장도 맞들면 낫다'が同じ意味を表しているので④が正答。

11 読解問題

〈各1点〉

　한국의 식문화에서 '오미(五味)'는 단맛, 신맛, 짠맛, 쓴맛, 매운맛까지 포함하고 있지만 실제로 우리 혀의 미뢰는 매운맛을 감각하지 못한다. 매운맛은 혀의 통점을 자극하는 통각이다. 혀와 피부에 있는 온도 수용체로 감각하는 자극이다. 43℃ 이상에서 반응하는 TRPV1이 매운맛을 내는 캡사이신(고추), 알리신(마늘), 피페린(후추) 등에 의해 활성화된다. 즉 몸속에서는 뜨겁고 위험한 신호로 인식하여 속이 타는 것 같은 열감과 땀이 나고 심장 박동이 빨라진다. 그런데 사람들은 왜 매운맛에 열광할까? 사실 매운맛은 고통을 동반하지만 '심리적 시원함'이 남는다. "사람들이 매운맛에 끌리는 이유는 스스로를 극한으로 몰아붙여 그 과정에서 쾌감을 느끼기 때문"이라는 의견도

解　答

있다. 마치 롤러코스터를 타거나 스카이다이빙, 공포 영화를 보는 것처럼 억지 위험을 설정하고 이를 극복한 후에 얻는 희열을 즐긴다는 것이다. 로잔 교수는 "인류는 선천적으로 부정적인 경험을 즐기는 유일한 포유류"라고 주장한다. 우리 몸은 화상의 위험을 감지하고, 뇌는 이 고통을 상쇄시켜 주는 엔도르핀을 분비한다. 그러나 실제로 열에 노출된 것이 아니기 때문에 (고통은 금세 휘발되고 은근한 쾌감이 남는다.) 매운맛의 메커니즘은 결국 뇌를 속이는 것이다.

[日本語訳]

　韓国の食文化で「五味」は、甘味、酸味、塩味、苦味、辛味まで含んでいるが、実際に私たちの舌の味蕾は辛味を感じることは出来ない。辛味は舌の痛点を刺激する痛覚である。舌と皮膚にある温度受容体で感ずる刺激なのだ。43℃以上で反応するＴＲＰＶ１が辛味を出すカプサイシン（唐辛子）、アリシン（にんにく）、ピペリン（コショウ）などにより活性化される。すなわち、体内では熱く危険な信号として認識し、胃が燃えるような熱感と汗が出て心臓の鼓動が速くなる。ところで人々はなぜ辛味に熱狂するのだろうか？　事実、辛味は苦痛を伴うけれども、「心理的爽快感」が残る。「人々が辛味に惹かれる理由は自らを極限に追い込み、その過程で快感を感じるためである」という意見もある。まるでローラーコースターに乗ったり、スカイダイビング、ホラー映画を観るように、あえて危険を設定してそれを克服した後に得られる喜悦を楽しむということだ。ロザン教授は「人類は先天的に否定的な経験を楽しむ唯一の哺乳類」だと主張している。私たちの体は火傷の危険を感知し、脳はこの苦痛を相殺してくれるエンドルフィンを分泌する。しかし実際に熱にさらされるのではないので、（苦痛はただちに消え去り、じんわりと快感が残る。）辛味のメカニズムは結局、脳を騙すものである。

解 答

【問1】 空欄補充問題

① 혀의 미각을 둔화시켜 통증을 유발할 수 있다.

　→ 舌の味覚を鈍化させ、痛みを誘発させることもある。

② 중독을 끊기 어려울 정도로 반응하게 된다.

　→ 中毒を遮断できないほど反応するようになる。

③ 입안이 얼얼할 정도면 통증이라고 못 한다.

　→ 口の中がひりひりする程度なら、痛みとは言えない。

❹ 고통은 금세 휘발되고 은근한 쾌감이 남는다.

　→ 苦痛はただちに消え去り、じんわりと快感が残る。

学習Ｐ （　　　）の前後にある「身体は火傷の危険を感知し、脳はこの苦痛を相殺してくれるエンドルフィンを分泌する」と「辛味のメカニズムは脳を騙すものである」を手がかりにして、これをつなぐ文を探せばよい。正答は④。

【問2】 本文の内容と一致しないものを選ぶ問題

① 매운맛이 당기는 이유는 그 후에 찾아오는 쾌감 때문이다.

　→ 辛味が後を引く理由は、その後に訪れる快感のせいである。

❷ 사람 역시 포유류라서 극한의 공포를 느끼면 순응하려 한다.

　→ 人間もやはり哺乳類なので、極限の恐怖を感じたら順応しようとする。

③ 인간은 위험한 상황을 설정하고 심리적 스릴을 즐기기도 한다.

　→ 人間は危険な状況を設定し、心理的スリルを楽しむこともある。

④ 매운맛은 구강 점막을 자극하는 통증에 가깝다고 할 수 있다.

　→ 辛味は、口腔粘膜を刺激する痛みに近いと言える。

学習Ｐ 本文で「人類は先天的に否定的な経験を楽しむ唯一の哺乳類」と哺乳類には触れているが、②の内容は本文に見られないので不一致。②が正答。

解 答

12 読解問題 〈各1点〉

[북(北)의 문헌에서 인용]

　우리 민족은 인류문명의 개척기부터 사계절의 차이가 뚜렷한 자연 기후조건과 소박하면서도 우아하고 정결한것을 좋아하는 민족적감정 과 취미에 맞는 독특한 민족옷을 창조하고 발전시켜왔다. 예로부터 《동방례의지국》으로 불리워온 우리 나라에서는 옷차림과 관련한 고상 한 례절이 창조되고 발전해왔다. (A) 바지, 치마, 저고리 등을 단정 하게 갖추는것은 누구나 지켜야 할 초보적인 례절이였다. (B) 저고 리나 겉옷을 입을 때에는 동정의 이가 꼭 맞게 함으로써 언제나 단정 한 맛이 나도록 하였으며 옷고름도 되는대로 매는것이 아니라 나비 모양의 매듭이 되게 매는것을 관례로 삼아왔다. 아무리 더운 날에도 (옷고름을 풀어헤치는 일이 없었다.) 남자들이 모자를 쓰는 경우에는 비뚤게 쓰는 일이 없이 바로 쓰군 하였다. 녀성들이 치마를 입을 때 에도 각별한 주의를 돌렸다. (C) 옷이 해지면 제때에 손질해입고 구 김살이 없도록 일상적으로 다려입었다. 녀성들은 늘 몸에 바늘과 실 을 지니고다니였으며 구겨진 옷이나 빨래한 옷은 꼭꼭 다림질을 하군 하였다. (D : 우리 민족이 오랜 세월 리용해온 다듬이돌, 방망이, 홍 두깨와 같은 다듬이질도구들은 이런 풍습으로부터 나온것들이다.) 이 웃나라들에서는 우리 민족을 가리켜 《깨끗하게 사는 민족》이라고 찬 사를 아끼지 않았고 이러한 좋은 옷차림례절은 우리 나라의 전통적인 미풍량속으로서 훌륭히 계승되여오고있다.

[日本語訳]

　わが民族は、人類の文明の開拓期から四季の違いがはっきりした自然

解 答

気候条件と、素朴でありながら優雅で清潔なものを好む民族的感情と趣味に合う独特な民族衣装を創造し発展させてきた。昔から「東方礼儀之国」と呼ばれるわが国では、服装に関連した高尚なマナーが作られ発展してきた。（Ａ）ズボン、スカート、チョゴリなどをきれいに整えるのは、誰もが守るべき初歩的なマナーであった。（Ｂ）チョゴリや上着を着るときは、襟の白い布の角がぴったり合うようにすることで常に整った感じが出るようにし、結び紐も適当に結ぶのではなく、蝶の形の結び目になるように結ぶことを慣例としてきた。どんなに暑い日でも（結び紐を解きほどくことが無かった。）男性が帽子を被る場合は、斜めに被ることなく真っ直ぐ被るようにした。女性がスカートを着るときも格別な注意を払った。（Ｃ）服がよれるとその都度手直ししてシワが無いように日常的にアイロンをかけて着た。女性たちは常に針と糸を身に付けて過ごし、シワが寄った服や洗った服は決まってアイロンがけをしたりした。（Ｄ：わが民族が長い歳月利用してきた洗濯岩、きぬた棒、あや巻などの修繕のための道具は、このような風習から生まれたものである。） 近隣諸国ではわが民族を指して「綺麗に暮らす民族」だと賛辞を惜しまなっかたし、このような素晴らしい服装のマナーは、わが国の伝統的な良い風習として見事に受け継がれてきている。

【問１】 文の入る適切な位置を選ぶ問題

> 우리 민족이 오랜 세월 리용해온 다듬이돌, 방망이, 홍두깨와 같은 다듬이질도구들은 이런 풍습으로부터 나온것들이다.

→ わが民族が長い歳月利用してきた洗濯岩、きぬた棒、あや巻などの修繕のための道具は、このような風習から生まれたものである。

　　① （Ａ）　　② （Ｂ）　　③ （Ｃ）　　❹ （Ｄ）

解　答

学習P 共和国の長文問題。前後の内容「シワの寄った服にアイロンをかけたりした」、「～など修繕のための道具はこのような風習から生まれたものである」からみて最も適切な場所は④のＤ。

【問2】　空欄補充問題

① 왼쪽 자락 끝이 위로 올라오게 여몄다.
　　→ 左のすそ先が上に上がるように整えた。

② 두루마기 매듭을 두번 돌려 묶었다.
　　→ ツルマギの結び目を二回回して結んだ。

❸ 옷고름을 풀어헤치는 일이 없었다.
　　→ 結び紐を解きほどくことが無かった。

④ 비녀를 단정하게 꽂고 외출하였다.
　　→ かんざしを綺麗に刺して外出した。

学習P （　）の前の文に言及した옷고름（結び紐）の話が続いている。「いくら暑い日でも」と内容的につながるのは③の文なので正答は③。

解　答

13　翻訳問題（韓国・朝鮮語→日本語）　　　〈各2点〉

1）요즘 환절기라서 일교차가 심해지고 있다.
→ この頃季節の変わり目なので、寒暖差が大きくなっている。

2）고된 시집살이를 겪으면서 마음속에 응어리가 맺혔다.
→ 嫁ぎ先での辛い生活を経験して、心にわだかまりができた。

3）오늘 주가는 널뛰기 장세가 이어져 종가도 거래량도 역대 최고를 경신했다.
→ 今日の株価は乱高下が続き、終値も取引高も歴代最高を更新した。

4）전에 한번 데어서 그런지 손사래를 치는 것이었다.
→ 前に一度懲りたからか、もう結構だと手を横に振った。

14　翻訳問題（日本語→韓国・朝鮮語）　　　〈各2点〉

1）目くじらを立てて問い詰められ、洗いざらい話すしかなかった。
→ 눈꼬리를 치켜세우고 추궁해서 낱낱이 말할 수밖에 없었다.

2）両チームは互角の勝負を繰り広げ、どちらも後退りする気配が見えなかった。
→ 양 팀은 팽팽한/막상막하의/박빙의 승부를 펼치면서 어느 쪽도 물러설 기미가 보이지 않았다.

解 答

3）どうしても腑に落ちないが、このへんで折り合うことにした。

→ 아무래도 납득이 안 가지만 이쯤에서 타협하기로 했다.

4）あまりにも的を射た指摘だったので、背筋が凍りついた。

→ 너무도 정곡을 찌르는 지적이라서 간담이 서늘해졌다.

第59回 筆記 解答と解説

1級聞きとり・書きとり 正答と配点

●40点満点

問題	設問	マークシート番号	正　答	配　点
1	1)	1	④	2
	2)	2	②	2
2	1)	3	③	2
	2)	4	②	2
3	1)	5	④	2
	2)	6	②	2
4	1)	7	②	2
	2)	8	③	2
5	【물음1】	9	③	2
	【물음2】	10	①	2
6	【물음1】	11	②	2
	【물음2】	12	④	2
7	1)①、②	記　述　式		2
	2)①、②			2
	3)①、②			2
	4)①、②			2
8	1)①、②	記　述　式		2
	2)①、②			2
	3)①、②			2
	4)①、②			2
合計	20			40

1級筆記　正答と配点

●60点満点

問題	設問	マークシート番号	正答	配点
1	1)	1	④	1
	2)	2	②	1
	3)	3	③	1
	4)	4	④	1
	5)	5	②	1
	6)	6	①	1
	7)	7	③	1
	8)	8	②	1
	9)	9	④	1
	10)	10	②	1
2	1)	11	④	1
	2)	12	③	1
	3)	13	②	1
	4)	14	③	1
3	1)	15	④	1
	2)	16	②	1
	3)	17	①	1
	4)	18	④	1
4	1)	19	③	1
	2)	20	②	1
	3)	21	④	1
	4)	22	②	1
5	1)	23	②	1
	2)	24	④	1
	3)	25	④	1

問題	設問	マークシート番号	正答	配点
6	1)	26	④	1
	2)	27	③	1
7	1)	28	④	2
	2)	29	③	2
8	1)	30	②	1
	2)	31	①	1
	3)	32	④	1
9	1)	33	③	1
	2)	34	④	1
	3)	35	④	1
	4)	36	③	1
10	【물음1】	37	②	1
	【물음2】	38	④	1
11	【물음1】	39	④	1
	【물음2】	40	②	1
12	【물음1】	41	④	1
	【물음2】	42	③	1
13	1)	記述式		2
	2)			2
	3)			2
	4)			2
14	1)	記述式		2
	2)			2
	3)			2
	4)			2
合計	50			60

〈1급 2차시험(면접) 과제문〉

주민등록번호 뒷자리 없앤다

내년부터 주민등록번호 뒷자리상 출생등록지를 나타내는 번호가 없어진다. 행정안전부는 주민등록번호 뒷자리에 지역번호를 없애고, 임의번호를 부여하는 방식으로 주민등록번호 부여체계를 개편한다고 밝혔다. 1975년에 현재와 같은 13자리 주민등록번호가 도입된 지 45년 만의 개편이다.

기존의 주민등록번호는 생년월일을 나타내는 앞 6자리와 뒤 7자리 숫자로 이루어져 있는데 이번 개편으로 뒤의 7자리 중 성별을 나타내는 첫 번째 자리를 제외한 나머지 6자리는 임의 숫자로 채워지게 된다.

그동안 주민등록번호에 지역 정보가 포함되어 있어서 여러 가지 문제가 제기돼 왔다. 특정 지역 출신이나 새터민에 대한 차별 논란이 대표적이다. 또한 특정인의 생년월일과 출신 지역 등을 아는 경우 주민등록번호를 추정할 수 있다는 지적도 받아 왔다.

행정안전부는 다양한 주민등록번호 개편 방안을 검토한 끝에 생년월일과 성별은 유지하되 지역번호를 폐지하는 방식으로 최종 결정했다고 밝혔다. 공공기관이나 병원, 은행, 보험사 등 주민등록번호를 사용하는 기관들의 추가 변경 비용과 사회적 혼란을 막기 위해서다.

　행정안전부의 윤종인 차관은 "개인정보를 보호하기 위해 주민등록번호 부여 체계를 변경하게 됐다"며 "앞으로도 국민의 소중한 개인정보를 보호할 수 있도록 주민등록제도를 발전시켜 나가겠다"고 말했다.

翻 訳

[1級2次試験(面接) 課題文 日本語訳]

住民登録番号の下ケタを廃止

　来年から住民登録番号の下ケタのうち、出生登録地を表す番号が廃止される。行政安全部は住民登録番号の下ケタの地域番号を廃止し、任意の番号を付与する形で住民登録番号の付与体系を改編すると明かした。1975年に現在の13ケタの住民登録番号が導入されてから45年ぶりの改編となる。

　既存の住民登録番号は生年月日を表す上6ケタと下7ケタの数字で構成されているが、今回の改編をもって、下7ケタのうち性別を表す1ケタを除いた6ケタは任意の数字で埋められることになる。

　これまでの間、住民登録番号に地域情報が含まれていることによって、様々な問題が提議されてきた。特定地域の出身や脱北者に対する差別についての論議が代表的な例だ。また、特定の人の生年月日や出身地域などを知る場合、住民登録番号を推測できてしまうといった指摘も受けてきた。

　行政安全部は、あらゆる住民登録番号の改編案を検討した末に、生年月日と性別は維持し、地域番号を廃止する形で最終決定したと明かした。公共機関や病院、銀行、保健会社など、住民登録番号を使用する機関での追加変更の費用と社会的な混乱を防ぐためだ。

翻　訳

　行政安全部のユン・ジョンイン次官は「個人情報保護のため住民登録番号の付与体系を変更することになった」と言い、「今後も国民の重要な個人情報を保護できるよう、住民登録制度を発展させていく所存だ」と話した。

1級

全19ページ
聞・書 20問/30分
筆 記 50問/80分

2023年 秋季 第60回
「ハングル」能力検定試験

【試験前の注意事項】
1） 監督の指示があるまで、問題冊子を開いてはいけません。
2） 聞きとり試験中に筆記試験の問題部分を見ることは不正行為となるので、充分ご注意ください。
3） この問題冊子は試験終了後に持ち帰ってください。
　　 マークシートを教室外に持ち出した場合、試験は無効となります。
※ CD3 などの番号はCDのトラックナンバーです。

【マークシート記入時の注意事項】
1） マークシートへの記入は「記入例」を参照し、ＨＢ以上の黒鉛筆またはシャープペンシルではっ
　　 きりとマークしてください。ボールペンやサインペンは使用できません。
　　 訂正する場合、消しゴムで丁寧に消してください。
2） 解答は、オモテ面のマークシートの記入欄とウラ面の記述式解答欄に記入してください。
　　 記述式解答をハングルで書く場合は、南北いずれかのつづりに統一されていれば良いものとし
　　 ます。二重解答は減点される場合があります。
3） 氏名、受験地、受験地コード、受験番号、生まれ月日は、もれのないよう正しく記入し、マーク
　　 してください。
4） マークシートにメモをしてはいけません。メモをする場合は、この問題冊子にしてください。
5） マークシートを汚したり、折り曲げたりしないでください。

※試験の解答速報は、11月12日の全級試験終了後(17時頃)、協会公式ＨＰにて公開します。
※試験結果や採点について、お電話でのお問い合わせにはお答えできません。
※この問題冊子の無断複写・ネット上への転載を禁じます。

◆次回 2024年 春季 第61回検定：6月2日（日）実施◆

ハングル能力検定協会
한글능력검정협회

問 題

듣기와 받아쓰기 문제

듣기와 받아쓰기 시험 중에
필기 문제를 풀지 마십시오.

🔊 04

1 들으신 문장의 내용과 일치하는 것을 하나 고르십시오.
(마크시트의 1번~2번을 사용할 것) 〈2点×2問〉

🔊 05

1) _____ マークシート **1**

① _____
② _____
③ _____
④ _____

🔊 06

2) _____ マークシート **2**

① _____
② _____
③ _____
④ _____

◀)) 07

2 대화를 듣고 다음에 이어질 내용으로 가장 알맞은 것을 하나 고르십시오.

(마크시트의 3번～4번을 사용할 것)　　　〈2点×2問〉

◀)) 08

1) 여 : _____

　　남 : _____

　　여 : _____

　　남 : (　　　マークシート **3**　　　　)

　① _____

　② _____

　③ _____

　④ _____

問　題

◀)) 09

2) 남 : _____

　　여 : _____

　　남 : (　　　マークシート **4**　　　)

　　① _____

　　② _____

　　③ _____

　　④ _____

◀)) 10

3 대화문을 듣고 물음에 답하십시오.
(마크시트의 5번～6번을 사용할 것)　　〈2点×2問〉

◀)) 11

1) 여자의 주장으로 맞는 것을 하나 고르십시오.　　マークシート **5**

남 : _____

여 : _____

남 : _____

여 : _____

_____

① _____

② _____

③ _____

④ _____

問 題

🔊 13

2) 남자의 생각으로 맞는 것을 하나 고르십시오.

マークシート **6**

남 : _____

여 : _____

남 : _____

여 : _____

남 : _____

여 : _____

① _____

② _____

③ _____

④ _____

問 題

🔊 15

문장을 듣고 물음에 답하십시오.

(마크시트의 7번～8번을 사용할 것)　　　　〈2点×2問〉

🔊 16

1) 문장의 요지로 가장 알맞은 것을 하나 고르십시오. | マークシート **7** |

----

① ---

② ---

③ ---

④ ---

問　題

🔊 18

2) 문장의 내용과 **일치하지 않는 것**을 하나 고르십시오.

マークシート **8**

① _____

② _____

③ _____

④ _____

問　題

◀)) 20

5 대화문을 들으신 다음에 【물음 1】~【물음 2】에 답하십시오.
(마크시트의 9번~10번을 사용할 것)　　　〈2点×2問〉

◀)) 21

남 : _____

여 : _____

남 : _____

여 : _____

남 : _____

여 : _____

【물음 1】　대화를 통해 알 수 있는 것을 하나 고르십시오.

마크시트 **9**

① 유전자 조작으로 태어난 수컷 모기는 애벌레 때 죽는다.
② 암컷이 애벌레인 채 죽으면 점점 개체수가 줄어들 것
　이다.
③ 유전자 정보를 이용하면 단번에 해충을 박멸할 수 있다.
④ 인간의 개입으로 모기 때문에 죽는 사람까지 생겼다.

問 題

【물음 2】 여자의 생각으로 맞는 것을 하나 고르십시오.

マークシート **10**

① 생태계에 함부로 개입하면 돌고 돌아 인간에게도 영향이 온다.
② 유전자는 제대로 된 방법으로 조작한다면 오히려 득이 된다.
③ 조만간 멸종될 모기니까 우선은 약으로 다스려 놓아야 한다.
④ 과학적인 수단은 강자가 약자를 도태시키는 최선의 방법이다.

◀)) 22

6 문장을 들으신 다음에 【물음 1】~【물음 2】에 답하십시오.
(마크시트의 11번~12번을 사용할 것)   〈2点×2問〉

◀)) 23

| 問 題 |

【물음 1】 본문에서 말한 '교만한 자기소개'가 글쓴이에게 거부감을 준 이유로 가장 알맞은 것을 하나 고르십시오.

マークシート **11**

① 아랫사람이 앞에 나서는 것이 역겨우니까
② 속이 뒤집힐 정도로 메스꺼운 내용이니까
③ 되도록 스스로를 낮추는 것이 당연하니까
④ 얼마나 교만한지 헤아리기 어려우니까

【물음 2】 글쓴이의 생각과 일치하는 것을 하나 고르십시오.

マークシート **12**

① 어차피 사는 거 자기 잘난 맛에 살아야 후회도 없다.
② 현대 사회의 관행으로서 용납할 수 없는 소개 방식이다.
③ 허울 좋은 겸손을 벗어 버리면 내 안의 재능을 발견할 수 있다.
④ 역시 자신을 낮출 줄 아는 사람이 대접 받는 사회여야 한다.

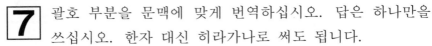

◀》 24

7 괄호 부분을 문맥에 맞게 번역하십시오. 답은 하나만을 쓰십시오. 한자 대신 히라가나로 써도 됩니다.
(마크시트 뒷면의 기술식 해답란을 사용할 것)

〈2点×4問〉

◀》 25

1) (**日本語訳①**) 감동을 (**日本語訳②**) 떠들어댄다.

◀》 26

2) (**日本語訳①**) 뭐 하나 할 줄 모르니 (**日本語訳②**)

◀》 27

3) (**日本語訳①**) 언제 그걸 (**日本語訳②**)

◀》 28

4) (**日本語訳①**) 했으니 (**日本語訳②**)

問 題

◀)) 29

 괄호 부분을 한글로 받아쓰십시오.
(마크시트 뒷면의 기술식 해답란을 사용할 것)

〈2点×4問〉

◀)) 30

1) (**받아쓰기**①) 옆에는 종업원이 (**받아쓰기**②) 앉아 있었다.

◀)) 31

2) 자연의 (**받아쓰기**①) 어긋나지 않고 (**받아쓰기**②) 살고 싶다.

◀)) 32

3) (**받아쓰기**①) 뭐 그런 거까지 물어보는지 참 (**받아쓰기**②).

◀)) 33

4) (**받아쓰기**①) 심은 채소에 (**받아쓰기**②) 주었다.

필기 문제

필기 시험 중에 듣기와 받아쓰기 문제를 풀지 마십시오.

1 ( ) 안에 들어갈 말로 가장 알맞은 것을 하나 고르십시오.

(마크시트의 1번~10번을 사용할 것) 〈1点×10問〉

1) 이렇게 보합 상태일 때는 (マークシート **1**)를/을 잘못 읽으면 크게 델 수가 있지.

① 정국   ② 필법   ③ 판세   ④ 진상

2) 불가능할 것만 같았던 공약들을 (マークシート **2**)로/으로 밀어붙여 혁신의 변화를 일으키고 있다.

① 뚝심   ② 송곳   ③ 청승   ④ 쏘시개

3) 사장님의 의중을 어디 한번 자네가 (マークシート **3**) 떠보게나.

① 괜스레   ② 넌지시   ③ 무던히   ④ 사뿐히

4) 지금까지 나한테 빚진 거 다 (マークシート **4**) 줄 테니까 이제 어디 가서 손 벌리고 살지 마.

① 정정해　　② 망라해　　③ 탕감해　　④ 체불해

5) 가리고 있던 발을 (マークシート **5**) 들어가 보니 완전 딴판인 세상이 펼쳐졌다.

① 들치고　　② 디디고　　③ 구르고　　④ 까닥대고

6) 남의 일인 양 (マークシート **6**) 앉아 있는 모습에 속이 뒤집힐 것 같았다.

① 아리송하게　　　　② 자질구레하게
③ 안쓰럽게　　　　　④ 심드렁하게

7) 이런 (マークシート **7**) 환경에서 용케도 그런 좋은 인재들이 나왔네요.

① 울창한　　② 광활한　　③ 척박한　　④ 비옥한

問 題

8) 진눈깨비가 (マークシート **8**) 내리는 밤거리는 어느새 겨울이 성큼 다가온 듯했다.

① 늠실늠실　② 유들유들　③ 추적추적　④ 지끈지끈

9) 사소한 일도 시빗거리가 되어 (マークシート **9**)에 오를 수 있으니 단속 잘 해라.

① 반열　　　② 구설　　　③ 벼슬　　　④ 보위

10) (マークシート**10**) 깨나 부리던 양반인데 오늘은 점잖으시네.

① 딴전　　　② 늑장　　　③ 어리광　　　④ 심통

問　題

2 （　　　） 안에 들어갈 말로 가장 알맞은 것을 하나 고르
십시오.

（마크시트의 11번～14번을 사용할 것）　　　〈1点×4問〉

1) 자기도 한몫하겠다고 (마크시트11)을 놀리는 모습이 여간
기특한 게 아니다.

① 얻어들은 풍월　　　　　② 당근과 채찍
③ 고사리 같은 손　　　　　④ 닭똥 같은 눈물

2) A : 그 사람들이 순순히 물러설까 ?
　 B : 걱정하지 마. 원래 잃을 게 많은 사람들이 (마크시트12)
　　　법이야.

① 배를 앓는　　　　　　　② 몸을 사리는
③ 수족을 놀리는　　　　　④ 종종걸음을 치는

3) 교과서 한번 제대로 안 보고 시험 보면서 고득점을 바라다
니 (마크시트13)이다.

① 청출어람　　② 어불성설　　③ 실사구시　　④ 공리공론

4) A : 아니, 남들은 못 가서 안달이라는데, 걔는 오라는 걸
　　　안 갔단 말이야?

　　B : (　マークシート 14　) 가고 싶은 데가 따로 있나 보더라.

　① 한 번 실수는 병가지상사라잖아.
　② 하늘을 봐야 별도 따지 않겠어.
　③ 평안 감사도 저 싫으면 그만이라잖아.
　④ 산 사람 목구멍에 거미줄 치겠어.

3 밑줄 친 부분과 바꾸어 쓸 수 있는 것을 하나 고르십시오.
　　　(마크시트의 15번~18번을 사용할 것)　　　〈1点×4問〉

1) 그 가수의 목소리는 <u>탄산수</u> 같은 청량감이 있어서 아주 마
　음에 든다.
　　　　　　　　　　　　　　　　　　　　　　マークシート 15

　① 톡 쏘는 것　　　　　② 푹 퍼지는 것
　③ 콕 쑤시는 것　　　　④ 꽉 막히는 것

2) 조기 유학이다 뭐다 남들 하는 거 다 시키려니 <u>고생이 이</u>
<u>만저만 아니다</u>. 　　　　　　　　　　　　マークシート**16**

 ① 골수에 사무친다　　　② 복장이 터진다
 ③ 눈이 뒤집힌다　　　　④ 등골이 빠진다

3) 마감일이 다가오면 늘 <u>집안에 틀어박힌 채</u> 밤낮없이 작업
한다. 　　　　　　　　　　　　　　　マークシート**17**

 ① 불문곡직하고　　　　② 중구난방하고
 ③ 두문불출하고　　　　④ 고립무원하고

4) A : 아니 그렇게 막연한 말만 믿고 무턱대고 찾아나선 거야?
 B : 글쎄 말이야. 진짜 <u>막막하네</u>. 　　　　マークシート**18**

 ① 손바닥으로 하늘 가리기네
 ② 제 살 깎아 먹기네
 ③ 되로 주고 말로 받기네
 ④ 서울 가서 김 서방 찾기네

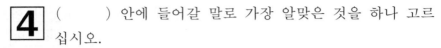

問 題

4 ( ) 안에 들어갈 말로 가장 알맞은 것을 하나 고르 십시오.
(마크시트의 19번~22번을 사용할 것) 〈1点×4問〉

1) 요컨대 네 말(마크시트**19**) 너만 잘났고 나머진 모조리 다 잔챙이다 이거군.

① 이나마 　　② 인즉슨 　　③ 인들 　　④ 이다마는

2) 세태가 (마크시트**20**) 어찌 개탄하지 않을 수 있겠습니까?

① 어지러울진대 　　　② 어지러울까마는
③ 어지러우려니와 　　④ 어지럽게시리

3) 누가 (마크시트**21**) 주섬주섬 짐을 챙기기 시작했다.

① 먼저랄까 봐 　　　② 먼저랬자
③ 먼저랄 것 없이 　　④ 먼저냐고 들면

4) 다시는 안 볼 것처럼 매정하게 ([마크시트22]) 이제 와서 뭘
어쩌자는 거지?

① 돌아설 때는 언제고   ② 돌아서고 뭐고 간에
③ 돌아설 성싶으면   ④ 돌아서는 통에

5 ( ) 안에 들어갈 말로 **알맞지 않은 것**을 하나 고르
십시오.
(마크시트의 23번~25번을 사용할 것)   〈1点×3問〉

1) 매콤하고 ([마크시트23]) 국물 맛이 아주 일품이다.

① 얼큰한   ② 칼칼한   ③ 알싸한   ④ 따끔한

2) 곳곳에서 쏟아지는 온갖 비난의 화살로 인해 ([마크시트24])
그는 꿋꿋했다.

① 곤욕을 치르면서도   ② 모멸을 당하면서도
③ 시름을 접으면서도   ④ 수모를 겪으면서도

問 題

3) 내가 차지할 (マークシート**25**) 버티고 있었는데 결국 물 건너가
버렸다.

① 양으로　　② 마당으로　　③ 심산으로　　④ 참으로

6 밑줄 친 부분의 쓰임이 **틀린 것**을 하나 고르십시오.
（마크시트의 26번~27번을 사용할 것）　　　〈1点×2問〉

1) 헐다　　　　　　　　　　　　　　　　　　マークシート**26**

① 오래된 옛날 집은 헐고 다시 짓기로 했다.
② 돼지 저금통을 헐어서 성금을 보냈다.
③ 내 집이다 생각하고 다리 헐고 편하게 앉아요.
④ 백만 원짜리 수표를 헐어서 나눠 가졌다.

2) 처지다　　　　　　　　　　　　　　　　マークシート**27**

① 어깨가 축 처진 모습을 보니까 마음이 짠하다.
② 나이가 들면서 점점 볼살이 처지는 것 같아 속상하다.
③ 아침저녁으로 갑자기 기온이 뚝 처지면서 쌀쌀해졌다.
④ 뒤로 처지지 않게 바싹 붙어서 잘 쫓아와라.

7 밑줄 친 부분의 말과 가장 가까운 뜻으로 쓰인 문장을 하나 고르십시오.
(마크시트의 28번~29번을 사용할 것)   〈2点×2問〉

1) 불순물을 <u>걸러</u> 주는 항균 제품이 요즘 잘 나간다. |マークシート**28**|

① 절대 끼니는 <u>거르지</u> 않는다는 게 내 신조야.
② 이건 <u>거를</u> 필요없이 타서 마시는 커피란다.
③ 한 집 <u>걸러</u> 한 명씩 인원을 차출하라는 지시였다.
④ 까다로운 문제는 <u>거르고</u> 쉬운 거부터 풀어 봐.

2) 오늘 안에 이 일을 담당 부서로 <u>넘기도록</u> 하게. |マークシート**29**|

① 아이가 하는 말이라고 무심히 <u>넘겼다가는</u> 큰코다친다.
② 너무 긴장한 탓에 마른침을 <u>넘기면서</u> 떨고 있었다.
③ 머리를 잘 빗어서 뒤로 <u>넘기니까</u> 훨씬 인물이 사네.
④ 종업원이 그 자리에서 범인을 잡아 경찰에 <u>넘겼다</u>.

8 다음 문장들 중에서 가장 자연스러운 것을 하나 고르십시오.
(마크시트의 30번~32번을 사용할 것)   〈1点×3問〉

1)

マークシート **30**

① 나 이제 그 일에서 손 떨고 나왔어.
② 악몽 같은 기억이 점점 목을 매 오는 것 같았다.
③ 나 때문에 괜히 엉뚱한 자네가 욕을 봤네그려.
④ 아니 이런 경을 읽을 놈이 있나.

2)

マークシート **31**

① 바닥에 눌어붙은 누룽지를 박박 긁혀 먹었다.
② 길을 터서 누구나 다닐 수 있게 하는 게 급선무다.
③ 잠깐 전화 받는 사이에 면이 다 늘어 버렸다.
④ 눈썹이 보일락 말락 하게 앞머리를 오려 달라고 했다.

3)

マークシート **32**

① 직장 다니면서 절절히 공부한 덕에 합격했다.
② 시간 나는 대로 뿔뿔이 부업을 해서 종잣돈을 모았다.
③ 눈물로 눈가가 촉촉이 젖은 모습이 아직도 눈에 선하다.
④ 지금까지 일어난 일을 톡톡히 기록해 두었다.

9 ( ) 안에 들어갈 표현으로 가장 알맞은 것을 하나 고르십시오.

(마크시트의 33번~36번을 사용할 것)　　　〈1点×4問〉

1) A : 뭐 해? 여기서 이렇게 미적거릴 여유 없어. 시간 별로 안 남았다니까.

B : 알았어. 근데 아무리 그래도 그렇지 이게 딱 내 취향인데 여길 그냥 건너뛸 순 없잖아.

A : 음……. 하긴 그래. (マークシート**33**)

B : 그렇지. 그럼 내가 아니지.

① 쇠뿔도 단 김에 빼라잖냐.

② 사돈의 팔촌도 다 아는 사실이잖냐.

③ 참새가 방앗간을 그냥 지나가겠냐.

④ 바늘 가는 데 실 안 가겠냐.

問 題

2) A : 너 무슨 사람이 그러니?

B : 다짜고짜 무슨 소리야?

A : 지난번 모임에서 내 흉봤다고 해서 확인하려고 연락했는데 답도 없고 말이야.

B : (マークシート**34**)

A : 그래? 그럼 내가 헛다리 짚은 건가? 아니라면 미안하고.

① 맨날 곁눈질만 하니까 그 모양이지.

② 나 그런 적 없는데 왜 생사람 잡고 그래?

③ 귀동냥한 게 그 정도면 당해 낼 방도가 있나.

④ 그거 다 코흘리개 시절 얘기라고.

3) A : 뭐야 이거! 커피 값 말고 컵 값이 따로 들어?

B : 뭘 그렇게 놀라니? 다 마신 후에 반납하면 그 돈은 다시 돌려 주는 거야. 1회용컵 보증금 제도!

A : 아, 그래? 괜히 놀랐네. 그러고 보니 뉴스로 본 거 같기도 하고…….

B : (マークシート**35**)

A : 응. 팍팍 꽂힌다. 꽂혀.

① 그거 몇 푼에 그렇게 헐레벌떡 난리법석이니?
② 가난한 서민 피 빨아 먹는 것도 유분수지. 안 그래?
③ 세상일 남의 굿 보듯 하더니 이제 좀 피부에 와닿니?
④ 뭔가 뜨끔한 게 찔리는 구석이 있는 거 아냐?

4) A : 아니 어쩐 일로 벌써 돌아왔어요?
　　B : 으슬으슬한 게 아무래도 조짐이 이상해서 조퇴했어.
　　A : 어째 이불을 다 차 내고 자더라니.
　　B : 내가 그렇게 잠버릇이 고약한가?
　　A : 몰랐어요? (マークシート36)
　　B : 정말 내가 그런다고? 뭐 나야 자고 있으니 알 재간이
　　　　 있나.

① 전에 없이 이를 갈면서 자던데요?
② 코골이를 정도껏 해야 말이지요.
③ 쑥대밭이 따로 없다는 게 맞는 말이죠.
④ 아주 온 방을 휘젓고 다닌다니까요.

問 題

10 다음 글을 읽고 【물음 1】~【물음 2】에 답하십시오.
(마크시트의 37번~38번을 사용할 것)   〈1点×2問〉

 '악마는 디테일에 있다'는 관용구가 계속 회자되는 이유는 그런 사례가 계속 등장하기 때문일 것이다. 노인들의 생계 보전을 위해 지급되는 기초 연금도 그렇다. 노인 빈곤율이 높기로 유명한 우리 나라에서 산업화의 역군이었던 노인들에게 감사와 존중의 의미로 몇십만원의 생활비를 좀 보태 드리자는데 뭐가 문제냐는 논리에는 단 한 조각의 결점도 없다. ㊲문제는 그 다음의 디테일에서 생기고 있다.

 너무 많은 노인이 혜택을 받는 바람에 정작 혜택이 필요한 노인들에게 필요한 만큼의 지원이 가지 못하고 있다. 노인 빈곤율을 낮추기 위해 도입한 정책이지만, 전체 노인의 70% 가까운 비율로 기초 연금을 지급하다 보니 비교적 부유한 노인들에게도 혜택이 돌아가기 때문이다. 반면 기초 연금을 받고 있는 노인 중 3분의 1은 여전히 빈곤선 아래에 머무른다. 앞으로 노인 인구가 급증하면 모든 노인의 70%에게 기초 연금을 주는 이런 시스템은 붕괴할 가능성이 크다. 기초 연금 수급 대상을 줄이는 논의를 빨리 시작해야 하는데, 그 이유는 지출액을 줄이기 위해서가 아니라 고령 빈곤층에게 지원을 집중하기 위해서다.

【물음 1】　밑줄 친 37이 나타내는 의미로 가장 알맞은 것을 하
나 고르십시오.　　　　　　　　マークシート**37**

① 총론이 그럴싸해 보일수록　각론에 들어가면 문제 투
성이다.
② 좋은 목적이라도 세부 내용이 부실하면 부작용이 나온다.
③ 부분적으로 문제가 있다면 전체적으로도 결함이 있다
는 것이다.
④ 대다수에게 득이 되는 정책은 부유층에게는 압박이 된다.

【물음 2】　'기초 연금'에 대한 글쓴이의 생각이 **아닌 것**을 하나
고르십시오.　　　　　　　　マークシート**38**

① 노인의 생계 보전을 위한다는 목적에는 전적으로 찬성
한다.
② 빈곤율을 낮추기 위한 정책인데 오히려 더 빈부 격차를
낳고 있다.
③ 진짜 지원이 필요한 빈곤 노인을 선별하기 위해 논의를
시작해야 한다.
④ 전체 노인의 3분의 2가 혜택을 받고 있으니 소기의
목적은 달성한 셈이다.

問題

11 다음 글을 읽고【물음 1】~【물음 2】에 답하십시오.
(마크시트의 39번~40번을 사용할 것)　　　〈1点×2問〉

　최초의 플라스틱은 코끼리 상아로 만들던 당구공을 대체하려 만들어졌다. 코끼리 멸종을 우려한 업계의 제안으로 1869년 미국에서 발명됐다. 비닐봉지 역시 환경 보호 목적으로 1959년 스웨덴에서 개발됐다. 종이는 목재에서 만들어지고, 종이 사용으로 산림 훼손이 심각해져서 그를 대체하기 위해서였다. (Ⓐ) 최근의 플라스틱은 환경 파괴의 주범으로 몰려 퇴출 운동이 한창이다. 그럼, 플라스틱 빨대의 대안으로써 주목받는 종이 빨대는 과연 친환경적일까?

　종이는 플라스틱보다 잘 분해된다고 생각하기 쉽지만, 매립 등의 과정이 필요하다. (Ⓑ) 미생물이 종이를 분해하면 이산화탄소보다 28배나 온실효과가 큰 메탄이 발생한다. 특히 종이 빨대는 재활용조차 거의 불가능하므로 소각되어야 한다. 이 때문에 종이 빨대가 지구온난화에 미치는 영향은 플라스틱 빨대의 3배에 이른다는 연구 결과도 있다. (Ⓒ) 종이가 플라스틱보다 친환경적이라고 생각하긴 힘들다. 핵심은 플라스틱 폐기물이 바다로 흘러가지 않게 하는 것이고, 더 중요한 것은 일회용품을 줄이는 것이다. (Ⓓ) 산업 발전과 기술 발달이 반드시 환경 파괴나 지구온난화로 귀결되는 것은 아니다. 오히려 인류 문명은 늘 닥친 위기를 과학으로 풀어나갔다.

問　題

【물음1】　본문에서 Ⓐ／Ⓑ／Ⓒ／Ⓓ 에 들어갈 단어의 순서로
　　　　　가장 알맞은 것을 하나 고르십시오.　　マークシート**39**

　① Ⓐ요컨대　Ⓑ따라서　Ⓒ그러나　Ⓓ게다가
　② Ⓐ그러나　Ⓑ게다가　Ⓒ따라서　Ⓓ요컨대
　③ Ⓐ요컨대　Ⓑ그러나　Ⓒ게다가　Ⓓ따라서
　④ Ⓐ그러나　Ⓑ요컨대　Ⓒ따라서　Ⓓ게다가

【물음2】　본문의 내용과 일치하는 것을 하나 고르십시오.
　　　　　　　　　　　　　　　　　　　　　マークシート**40**

　① 산업과 기술이 발달하면서 인류는 큰 위기에 직면했다.
　② 생태계 보호와 환경 보전을 위해 과학이 기여한 바가
　　 크다.
　③ 폐기물의 재질이나 종류보다 한 번 쓰고 버리는 게 더
　　 문제다.
　④ 천연 소재가 화학 소재보다 환경 친화적이다.

問 題

12 다음 글을 읽고【물음1】~【물음2】에 답하시오.
(마크시트의 41번~42번을 사용할 것)   〈1点×2問〉

[북(北)의 문헌에서 인용]

어떤 물체든 무게를 잴수 있으며 그 무게를 수량으로 표시한다.

그러나 무게를 잴수 없으며 수량으로도 표시할수 없는것이 있음을 나는 어느 발전소건설장에서 알게 되었다.

그날 내가 도에서 건설되는 발전소건설장을 찾았을 때였다.

하루해도 저물어 사위는 어둠에 잠겼는데 건설장주변에서 전지를 켜들고 왔다갔다하며 무엇인가를 찾는 한 청년의 모습이 보이였다.

찬 날씨에도 아랑곳없이 어둠속에서 헤매는것으로 보아 무슨 귀중한것을 잃었는가싶어 다가가보니 작업과정에 생긴 여러가지 자재자투리들을 주어모으고있었다.

⁴²그의 마음을 알게 된 나는 한동안 그와 같이 자재자투리를 찾아 모아담으니 얼마 되나마나하였다.

《참 좋은 일을 합니다.》하고 내가 말하자 그는 의아한 표정으로 나를 보더니 대수롭지 않은 평범한 어조로 대답했다.

《뭐 누구나 다 하는 일입니다.》하며 그는 자재자투리를 담은 마대를 들었다.

내가 청년에게 같이 들자고 하니 그는 웃으며 사양했다.

《얼마 되지 않으니 무겁지 않습니다.》

　　그리고는 유휴자재를 모아놓는 곳으로 걸음을 옮기는것이였다.
　　사실 이런 큰 건설장에서 작업과정에 나오는 여러가지 자재
자투리들의 량은 보잘것없는것이다. 그러나 저 청년을 비롯한
건설자들은 하루작업을 마친 다음 자각적으로 저렇게 자투리들
을 모아들인다니 얼마나 훌륭한 청년들인가.
　　청년이 등에 가볍게 메고가는 그 마대가 나에게는 크게 그리
고 무겁게 안겨왔다.

【물음1】　이 글의 제목으로 가장 알맞은 것을 하나 고르십시오.
　　　　　　　　　　　　　　　　　　　　　マークシート**41**

　　① 보잘것 없는 만남
　　② 잴 수 없는 무게
　　③ 건설자들의 애환
　　④ 꿈을 담은 마대

【물음2】　밑줄 친 42그의 마음이란 어떤 마음인지 가장 알맞
　　　　　　은 것을 하나 고르십시오.　　　マークシート**42**

　　① 참된 건설자로서 모범을 보여야 한다.
　　② 자투리라 하더라도 버릴 수 없다.
　　③ 하나라도 더 주워서 마대를 채우겠다.
　　④ 자기 장래에 보탬이 되는 것을 찾아야겠다.

問 題

13 다음 문장을 문맥에 맞게 일본어로 번역하십시오. 한자 대신 히라가나로 써도 됩니다.

(마크시트 뒷면의 기술식 해답란을 사용할 것)

〈2点×4問〉

1) 이 모양 이 꼴인 거 너희 엄마가 아시면 퍽이나 좋아하시 겠다.

2) 지체 높은 양반이 이런 누추한 곳에 다 납시고 어쩐 일이 시래 ?

3) 자고로 변덕이 죽 끓듯 하는 사람은 소신이 없는 게야.

4) 외국에서나 볼 수 있던 광경이 심심찮게 눈에 띠네요.

14 다음 일본어를 문맥에 맞게 번역하십시오. 답은 하나만
을 한글로 쓰십시오.

（마크시트 뒷면의 기술식 해답란을 사용할 것）

〈2点×4問〉

1）命からがら逃げ出して来た彼は、しばらく放心状態だった。

2）あいにくの天気で足元が悪いなか、遠路はるばるご足労をお
かけしました。

3）落としどころを探したが、平行線をたどったまま物別れにな
った。

4）通り一遍のことしか言えず、歯がゆいばかりであった。

解　答　（＊白ヌキ数字が正答番号）

> # 聞きとり・書きとり 解答と解説

1 短い文を聞いて、一致するものを選ぶ問題 〈各2点〉

1）눈대중으로 얼추 재 봐도 아닌 건 아니네.

→ パッと目で見た／測っただけでも駄目なのは駄目だね。

❶ 제대로 측정해 볼 거까지도 없어.

→ きちんと測定してみるまでもない。

② 눈썰미가 없는 사람에게 맡겨 봐야 헛수고지.

→ 見よう見まねができない人に任せるのは無駄骨だろう。

③ 어설프게 눈어림으로 재서는 안 된다니까.

→ 中途半端に目分量で測っては駄目なんだって。

④ 눈여겨보면 어느 정도 감이 잡힐 거야.

→ 目を凝らして見ればある程度つかめる／感じ取れるだろう。

2）가족까지 헌신짝 버리듯 했으니 할 말 다 했지요.

→ 家族まで用済みの物を捨てるみたいに見捨てたのだから、これ以上説明はいらないでしょう。

① 애정이 식은 인간 관계는 더할 나위 없이 불편하죠.

→ 愛情が冷めた人間関係はこの上なく窮屈でしょう。

② 가족이기 때문에 할 말 못할 말 다 할 수 있는 거예요.

→ 家族だから、言えることも、言えないことも、全て話せるのです。

❸ 가장 가까운 사람에게도 가차 없었으니 나머지는 볼 것도 없어요.

→ いちばん近い人にも容赦ないのだから、他は見るまでもありません。

解 答

④ 낡고 해진 신은 고민 없이 버리는 게 상책이야.
　→ 古びてすり減った履物は、悩むことなく捨てるのが上策だ。

2　正しい応答文を選ぶ問題 〈各2点〉

1) 여 : 여보, 성현이가 또 이것저것 보내 왔습니다.
　　남 : 제 딴에는 명절이랍시고 챙겼나 보구만. 거 쓸데없는 데다
　　　　돈 쓰지 말라고 해.
　　여 : 왜 안 했겠어요. 그래도 걔가 원래 속이 깊고 심성이 곱잖아요.
　　남 : (그래도 그렇지. 제 한 몸 추스르기도 버거울 텐데 말이야.)

[日本語訳]

女：あなた、ソンヒョンがまたあれやこれや送ってきました。

男：自分なりに節句(名節)だからと言って気を使ったみたいだな。そん
　　なことに無駄使いするなと言いなさい。

女：言わないわけないでしょう。でもあの子はもともと心づかいが出来て、
　　気持ちの優しい子じゃないですか。

男：(そうだとしてもだ。自分のことだけで精一杯だろうに。)

① 그래도 저 하나 먹고 살겠다고 아등바등하더니 말이야.
　→ それでも、自分だけが生きていくともがいていたのにね。

❷ 그래도 그렇지. 제 한 몸 추스르기도 버거울 텐데 말이야.
　→ そうだとしてもだ。自分のことだけで精一杯だろうに。

③ 제품에 나가떨어지는 걸 바라기라도 하는 거야?
　→ そのうちやる気を失うのを望んででもいるのか。

④ 그렇긴 해도 툭하면 명절이니 뭐니 보채대서 쓰겠어?
　→ そうだとしても、事あるごとに節句だ何だとねだってよいものか。

127

解 答

2） 남 : 아유, 어쩜 이렇게 앙증맞냐. 근데 어머니가 입양하는 거 결
　　　　사 반대하신다고 하지 않았어? 결국 두 손 드셨나 보네.

　　여 : 처음엔 털 날려서 싫다고 하셨었는데 지금은 언제 그랬냐는
　　　　듯이 엄청 이뻐하서.

　　남 : (이 애교 앞에선 제 아무리 천하 장사라 한들 못 당하겠다.)

［日本語訳］

男 : ああ、どうしてこんなにかわいらしいのか。ところで、母さんがペッ
　　トを飼うのは絶対反対だと言ってなかった？ 結局降参したようだね。

女 : はじめは毛が舞って嫌だと言っていたけれど、今ではいつそんなこ
　　とを言ってたかというように、とてもかわいがってるわ。

男 : (この愛嬌の前では、いくら天下の豪傑だとしても適わないだろう。)

① 털이 복슬복슬해서 반대한 거 후회하시는 걸 거야.
　　→ 毛がもふもふしているから、反対したことを後悔しているだろうな。

② 입양 반대한다고 하시는 거 다 옛날 생각 때문이시겠지.
　　→ 飼うことに反対だと言ったのは、全て昔のことを思い出したからだろうね。

③ 나 같으면 제대로 못 키울까 봐 전전긍긍할 거 같다.
　　→ 僕だったら、ちゃんと育てられないんじゃないかと戦々恐々するだろうな。

❹ 이 애교 앞에선 제 아무리 천하 장사라 한들 못 당하겠다.
　　→ この愛嬌の前では、いくら天下の豪傑だとしても適わないだろう。

解 答

3 対話文を聞いて、問いに答える問題　　　　　〈各2点〉

1）女性の主張として正しいものを選ぶ問題

남 : 선배, 뭐 좀 척척 알아서 돈 되는 똑똑하고 알짜배기인 업종 없
　　을까요?

여 : 갑자기 뭔 바람이 불었길래 그러는 거야?

남 : 취직 준비도 만만찮은 거 같고 장사 좀 해 볼까 하고요.

여 : 아서라. 장사는 아무나 하니? 그런 노른자위 찾기가 그리 수월
　　한 것도 아니고 말이야.

[日本語訳]

男 : 先輩、自(おの)ずとてきぱきこなせてお金になる、堅実で粒よりな業種は
　　ないでしょうか。

女 : 突然、どういう風の吹き回しでそんなことを言っているの。

男 : 就職活動もままならないようだし、ちょっと商売でもやってみよう
　　かと思ったんです。

女 : やめておきなさい。商売は誰にでもできるものじゃないよ。そうい
　　う宝探しがそんなにたやすいものでもないでしょうに。

① 취직 준비가 힘들다면 개명을 하는 것도 괜찮다.
　　→ 就職活動がつらいのであれば、改名してもかまわない。

② 너 나 할 것 없이 달려들지만 장사꾼은 타고나야 한다.
　　→ 誰彼なしに飛びつくけれど、商売人になれるかどうかは生まれつきのもの。

③ 어중이떠중이 다 모이는 분야일수록 속 빈 강정이다.
　　→ 有象無象が皆集まる分野ほど、見掛け倒しだ。

❹ 섣불리 뛰어들어 봤자 대박은 기대하기 어렵다.
　　→ 下手に飛び込んでみても、成功は期待しにくい。

解 答

2）男性の考えとして正しいものを選ぶ問題

남：요즘 혼자 다니는 사람들을 위한 서비스가 부쩍 늘었지?

여：응, '나홀로 문화'가 완전 정착한 거지.

남：아무한테도 구애 받지 않는 건 좋은데 좀 삭막하지 않냐?

여：궁상 떠는 거 같아서 싫다는 사람도 있긴 해.

남：그치? 근데 나도 영화는 역시 혼자 보는 걸 추천해. 몰입의 정
　　도가 다르거든.

여：의외네. 혼자 밥 먹는 건 그렇게 싫어하더니.

［日本語訳］

男：最近、一人で出歩く人たちのためのサービスがめっきり増えただろう。

女：うん、「おひとりさまカルチャー」が完全に定着したんでしょう。

男：誰にも気を使わないのはいいけれど、ちょっとさびしくない？

女：貧乏くさいようで嫌だという人もいることはいるみたい。

男：そうだろう。ところで、僕も映画はやっぱり一人で見るのを薦める
　　ね。入り込む程度が違うんだよ。

女：意外ね。一人で食事をするのはあんなに嫌がっていたのに。

① 홀로 서기도 좋지만 대세를 좇아가는 것도 중요하다.

　　→ 独り立ちもよいが、大勢に従うことも重要だ。

② 여럿이 모여서 먹고 마시는 게 역시 최고다.

　　→ 大勢の人で集まって飲み食いするのがやはり最高だ。

③ 누군가에게 매이거나 간섭 받는 게 싫다.

　　→ 誰かに縛られたり干渉されるのが嫌だ。

❹ '나홀로 문화'가 부정적인 면만 있는 것은 아니다.

　　→ 「おひとりさまカルチャー」は否定的な側面ばかりがあるのではない。

解 答

4 文章を聞いて、問いに答える問題　　　　　　　　〈各2点〉

1）文の要旨として適切なものを選ぶ問題

　수능 시험 난이도가 해마다 논란이 되고 있다. 지난해 수능은 사상 최악의 물수능이었다. 정부가 수능을 쉽게 내야 사교육을 잡는다는 논리를 펴고 있는 탓이다.
　하지만 이제 우리는 수능 시험이 쉬워야 한다는 생각을 근본적으로 바꿀 필요가 있다. 시험은 변별력 있게 적당히 어렵게 내는 것이 맞다. 시험을 보는 근본 목적이 무엇인가. 인재를 가려내는 것이다. 시험을 쉽게 내면 성적이 실력 순이 아니라 요행 순이 된다.

[日本語訳]

　大学修学能力試験の難易度が毎年議論になっている。昨年の修学能力試験は史上最悪の易しい試験であった。政府が試験を易しくすれば私教育を抑えられるという論理を展開しているせいだ。
　しかし、今私たちは修学能力試験が易しくなければならないという考え方を根本的にあらためる必要がある。修学能力試験は弁別力を有するように、適度に難しく出題するのが正しいのだ。試験を受ける根本的な目的は何なのか。それは人材を選別することである。試験を易しくすれば、成績が実力順ではなく、運の順になる。

① 요행을 바라는 것은 시험의 변별력을 무시하는 행위이다.
　→ 僥倖を望むことは、試験の弁別力を無視する行為である。

❷ 쉬운 출제가 상책은 아니니 시험 본연의 목적을 상기하자.
　→ 易しい出題が上策ではないのだから、試験本来の目的を思い起こそう。

131

解　答

③ 물불 가리지 않고 수능 대책을 세우는 것은 지양하자.
　→ なりふり構わず、試験対策を立てることは止揚しよう。

④ 정부는 사교육을 잡기 위해 수능의 난이도를 조절한다.
　→ 政府は、私教育を抑えるために試験の難易度を調節する。

2) 内容が一致しないものを選ぶ問題

　현대는 만성적인 공급 부족을 겪던 시대와 다르게 대량 생산의 덕으로 소비자의 소득에 관계없이 보편적인 소비를 할 수 있게 됐다. 그 결과 한정된 소비자를 두고 다양한 상품과 서비스들이 경쟁하게 되면서 선택이 더욱 어려워졌다. 소비자에게 선택권이 주어지는 것은 일반적으로 소비자의 효용 증가를 의미하는데, 선택지가 너무 많아질 경우엔 반대로 효용이 감소한다. 이러한 상황에서 소비자들은 '선택을 내리지 않는 선택'을 내리게 된다.

[日本語訳]

　現代は慢性的な供給不足を経験していた時代と異なり、大量生産のおかげで消費者の所得に関係なく普遍的な消費ができるようになった。その結果、限られた消費者をめぐって多様な商品とサービスが競争するようになり、選択がさらに難しくなった。消費者に選択権が与えられることは一般的に消費者の効用増加を意味するが、選択肢が多くなり過ぎる場合には逆に効用が減少する。こうした状況で消費者は「選択を下さない選択」を下すようになる。

① 원하는 것을 불편 없이 구매할 수 있는 것은 공급이 충분해서다.
　→ 欲しいものを不便なく購買できるのは、供給が十分だからだ。

解　答

② 선택지가 많을수록 소비자는 오히려 결정을 못하고 망설이게 된다.
   → 選択肢が多いほど、消費者はむしろ決定できずためらうことになる。

❸ 소득이 많든 적든 간에 중요한 선택을 피하려는 게 요즘 추세다.
   → 所得が多かろうが少なかろうが、重要な選択を避けようとするのが最近の趨勢だ。

④ 정해진 소비자를 둘러싸고 서로 획득하기 위해 경쟁하게 됐다.
   → 決まった消費者をめぐり、互いに獲得するために競争するようになった。

---

5 対話文を聞いて、2つの問いに答える問題（選択肢は活字表示）〈各2点〉

남 : 계절이 어느 때인데 아직도 있냐. 애네는 박멸할 방법이 없는 건가? 인류 역사상 가장 많은 사람을 죽인 동물이 모기라는데 말이야.

여 : 어제도 약 뿌렸는데 또 있어? 그러고 보니 최근에 미국에서 유전자 조작 모기로 어떤 실험을 했는데 성공했대.

남 : 뭐가 성공했다는 거야?

여 : 자기가 낳은 자손 중에 암컷 애벌레만 죽도록 유전자를 조작한 수컷 모기를 자연에 방사했는데 그 수컷들이 실제로 암컷과 짝짓기를 해서 낳은 자손 중에 암컷들은 다 성충이 되기 전에 죽었대.

남 : 결국 수컷만 남게 되니까 자손을 더 이상 못 남기게 된다 이거네. 그래도 어느 세월에 멸종까지 간대냐. 근데 그런 식으로 인간이 막 개입해도 되는 거야?

여 : 나도 그게 좀 찝찝하더라. 과학적인 방법이랍시고 뭔가 그럴싸하게 포장해도 그거 다 나중에 부메랑 돼서 돌아온다니까.

解 答

[日本語訳]

男：こんな季節にまだいるのか。こいつらは撲滅する方法がないのかな？
人類の歴史上いちばんたくさんの人を殺した動物が蚊らしいけど。

女：昨日も薬を撒いたのにまたいるの？　そういえば、最近アメリカで、
遺伝子組み換えした蚊である実験をしたんだけど、成功したって。

男：何が成功したって？

女：自分が産んだ子の中でメスの幼虫だけが死ぬよう遺伝子を組み換えた
オスの蚊を自然に放ったら、そのオスたちが実際にメスと交尾をし
て、産んだ子の中でメスたちは全部成虫になる前に死んだんだって。

男：結局、オスだけ残ることになるから、子孫をそれ以上残せなくなる
ということだね。それでも絶滅するまでどれくらいの年月がかかる
んだろう。ところで、そんな風に人間が介入してもいいのかな？

女：私もそれがちょっと気になってすっきりしないよ。科学的な方法だ
とか言って、何かもっともらしく装っても、それは全部後でブーメ
ランになって戻ってくるんだから。

【問1】　対話を通して分かる内容を選ぶ問題

① 유전자 조작으로 태어난 수컷 모기는 애벌레 때 죽는다.
　　→ 遺伝子組み換えで生まれたオスの蚊は、幼虫の時に死ぬ。

❷ 암컷이 애벌레인 채 죽으면 점점 개체수가 줄어들 것이다.
　　→ メスが幼虫のまま死んだら、次第に個体数が減るだろう。

③ 유전자 정보를 이용하면 단번에 해충을 박멸할 수 있다.
　　→ 遺伝子情報を利用すれば、一遍に害虫を撲滅できる。

④ 인간의 개입으로 모기 때문에 죽는 사람까지 생겼다.
　　→ 人間の介入によって蚊のせいで死ぬ人まで現れた。

解 答

【問2】 女性の考えとして正しいものを選ぶ問題

❶ 생태계에 함부로 개입하면 돌고 돌아 인간에게도 영향이 온다.
　→ 生態系にむやみに介入すれば、回り回って人間にも影響が表れる。

② 유전자는 제대로 된 방법으로 조작한다면 오히려 득이 된다.
　→ 遺伝子はまともな方法で操作すれば、むしろ得になる。

③ 조만간 멸종될 모기니까 우선은 약으로 다스려 놓아야 한다.
　→ 遅かれ早かれ絶滅する蚊だから、まずは薬で治めておかなければならない。

④ 과학적인 수단은 강자가 약자를 도태시키는 최선의 방법이다.
　→ 科学的手段は、強者が弱者を淘汰させる最善の方法だ。

6 文章を聞いて、2つの問いに答える問題(選択肢は活字表示) 〈各2点〉

　몇 년 전 참석했던 한 모임에서 '교만한 자기소개'라는 방식을 배웠다. 한자문화권인 한국 사회에선 겸손이 최고 미덕으로 치부돼 왔기 때문에 나도 처음엔 거부감이 컸지만 상대방의 장점 내지 특기를 알게 돼서 좋았다. '교만한 자기소개'는 잘난 사람들의 전유물이 아니다. 모임 참석자들을 보니 나는 잘난 게 없다고 생각하고 살아온 사람도 "내가 남한테 잘났다고 할 만한 게 뭐가 있나?"하고 열심히 생각하게 되고 그 결과, 자신도 몰랐던 재능을 재발견하게 된 경우가 많았다. 이 방식은 우리 사회를 위해서도 몹시 바람직하다. 한국인은 물론 인간은 겸손하지 않다. 겸손하면 좋지만 그건 이상에 불과하다. 괜히 마음에도 없는 겸손을 떠는 척하느니 차라리 이런 방식을 통해 근거 있는 자신감을 확보하는 게 낫다.

解 答

[日本語訳]

　何年か前に参加したある集まりで「傲慢な自己紹介」という方式を学んだ。漢字文化圏である韓国社会では謙遜が最高の美徳と見なされてきたため、私も最初は拒否感が大きかったが、相手の長所や特技を知ることができてよかった。「傲慢な自己紹介」は偉い人々の専有物ではない。集まりの参加者たちを見ると、自分は秀でていることがないと思って生きてきた人も「自分が他人より秀でていると言えるだけのことは何があるのか?」と熱心に考えるようになり、その結果、自身も知らなかった才能を再発見するようになったケースが多かった。この方式は私たちの社会のためにもとても望ましい。韓国人はもちろん、人間は謙遜するものではない。謙遜するものであればよいが、それは理想に過ぎない。無駄に心にもない謙遜を振りまくふりをするよりは、むしろこのような方式を通して、根拠のある自信感を確保するほうがよい。

【問1】　「傲慢な自己紹介」が筆者に拒否感を与えた理由として、最も適切なものを選ぶ問題

① 아랫사람이 앞에 나서는 것이 역겨우니까
　→ 目下の人が積極的に前に出てくるのが腹立たしいから

② 속이 뒤집힐 정도로 메스꺼운 내용이니까
　→ 腸（はらわた）が煮えくり返るほどむかむかする内容だから

❸ 되도록 스스로를 낮추는 것이 당연하니까
　→ なるべく謙遜することが当然だから

④ 얼마나 교만한지 헤아리기 어려우니까
　→ いかに傲慢であるか計り知れないから

解　答

【問2】　筆者の考えと一致するものを選ぶ問題

① 어차피 사는 거 자기 잘난 맛에 살아야 후회도 없다.

　　→ どうせ生きるなら、自分が偉いと思って生きてこそ後悔もない。

② 현대 사회의 관행으로서 용납할 수 없는 소개 방식이다.

　　→ 現代社会の慣行として、容認できない紹介方式である

❸ 허울 좋은 겸손을 벗어 버리면 내 안의 재능을 발견할 수 있다.

　　→ 見かけだけ良い謙遜を脱ぎ捨てれば、自分の中の才能を発見できる。

④ 역시 자신을 낮출 줄 아는 사람이 대접 받는 사회여야 한다.

　　→ やはり謙遜することができる人が、認められる社会でなければならない。

解答

7 文脈に沿って翻訳する問題　　　　　　　　　〈各2点〉

1) ①(입만 뻥긋하면) 감동을 ②(선사하겠다고) 떠들어댄다.
　　→ ①(口を開けば)感動を②(届けると)大口をたたいてる。

2) ①(진득하게) 뭐 하나 할 줄 모르니 ②(나이를 헛먹었달 수밖에요.)
　　→ ①(根気よく)何一つできないのだから②(無駄に年を取ったとしか言いようがない
　　ですよ。)

3) ①(한밑천 잡았다더니) 언제 그걸 ②(다 꼬라박은 거니?)
　　→ ①(一儲けしたと聞いていたのに)いつの間にそれを②(全て使い果たしたの？)

4) ①(지탄 받아 마땅한 짓을) 했으니 ②(감싸고 자시고 할 것도 없
　　어요.)
　　→ ①(後ろ指をさされても当然なことを)したから②(かばうも何もありません。)

8 文章の一部を書きとる問題　　　　　　　　　〈各2点〉

1) ①(미닫이문) 옆에는 종업원이 ②(다소곳하게) 앉아 있었다.
　　→ 引き戸のそばには、従業員がおとなしく座っていた。

2) 자연의 ①(섭리에) 어긋나지 않고 ②(순리대로) 살고 싶다.
　　→ 自然の摂理に反せず、道理に従って生きたい。

3) ①(척하면 삼천리지) 뭐 그런 거까지 물어보는지 참 ②(갑갑하네).
　　→ 全てお見通しなのに、なんでそんなことまで聞くのか、本当にじれったいね。

解　答

4）①(뜰 앞에) 심은 채소에 ②(밑거름을) 주었다.

　→ 庭の前に植えた野菜に肥やしを与えた。

解　答　　　(＊白ヌキ数字が正答番号)

筆記 解答と解説

1 空欄補充問題（語彙問題）　　　　　　　　　　　　〈各 1 点〉

1) 이렇게 보합 상태일 때는 (판세)를/을 잘못 읽으면 크게 델 수가
　　있지.

　　→ このように横ばい状態のときは、形勢を読み間違えると大いにひどい目に
　　　　遭うことがあるだろう。

　　① 정국 → 〈政局〉政局

　　② 필법 → 〈筆法〉筆法

　　❸ 판세 → 〈-勢〉成り行き、情勢、形勢

　　④ 진상 → 〈真相〉真相

　学習Ⓟ 適切な漢字語名詞を選ぶ問題。誤答を含めすべての選択肢が읽다と共起す
　　　　る単語であるが、보합 상태と共起するのは意味的に③の판세だけなので③
　　　　が正答。

2) 불가능할 것만 같았던 공약들을 (뚝심)로/으로 밀어붙여 혁신의
　　변화를 일으키고 있다.

　　→ 不可能にしか思えなかった公約を粘り強く推し進め、革新の変化を引き起
　　　　こしている。

　　❶ 뚝심 → 根気、頑張り、粘り　　② 송곳　　→ 錐（きり）

　　③ 청승 → みすぼらしい態度　　④ 쏘시개 → 焚き付け

　学習Ⓟ 適切な固有語名詞を選ぶ問題。文中の밀어붙이다とつながるかがポイント。
　　　　つながるのは①の뚝심のみ。밀어붙이다は、「力強く推す、押し付ける、追い
　　　　込む」などの意味で、計画やプロジェクトなどを力強く推し進めるという意
　　　　味で使われる。

解 答

3) 사장님의 의중을 어디 한번 자네가 (넌지시) 떠보게나.

→ 社長の意中を一度君がそれとなく探ってみなさい。

① 괜스레　→ いたずらに、無駄に、むなしく

❷ 넌지시　→ こっそり、ひそかに、それとなく

③ 무던히　→ 途方もなく、ひどく

④ 사뿐히　→ さわやかに、すがすがしく

学習Ⓟ 適切な副詞を選ぶ問題。正答の②넌지시は「露見しないように、ばれないように そっと」などの意味を表す。떠보다のほか캐다と共起し、「それとなく探る」の意味になる。

4) 지금까지 나한테 빚진 거 다 (탕감해) 줄 테니까 이제 어디 가서 손 벌리고 살지 마.

→ 今まで私に借りがあるものは全部帳消しにしてあげるから、もうよそで人に金をせがんだりするな。

① 정정해　→ 〈訂正-〉訂正して

② 망라해　→ 〈網羅-〉網羅して

❸ 탕감해　→ 〈蕩減-〉帳消しにして

④ 체불해　→ 〈滞払-〉期日より遅れて払って

学習Ⓟ 適切な漢字語動詞を選ぶ問題。文中の빚진 거とつながるかがポイント。正答③の탕감하다は「借金や税金など払うべきものを棒引きする」ことを意味する。빚투족의 이자를 탕감해 주다「借金投資した人々の利子を帳消しにする」のように使う。

5) 가리고 있던 발을 (들치고) 들어가 보니 완전 딴판인 세상이 펼쳐졌다.

→ 遮っていたすだれをめくりあげて入ってみると、全く違う世界が広がっていた。

解答

❶ 들치고 　→ 持ち上げて、めくって

② 디디고 　→ 踏んで、踏みしめて

③ 구르고 　→ 転がって、踏み鳴らして

④ 까닥대고 → （首や手首、指などを）軽く上下に動かして

学習Ⓟ 適切な固有語動詞を選ぶ問題。文中の발は「足」ではなく「すだれ」を意味するので共起できるのは①のみ。誤答の②③④は「足」の발となら共起可能。

6） 남의 일인 양 （심드렁하게） 앉아 있는 모습에 속이 뒤집힐 것 같았다.

→ 他人事のように関心なさそうに座っている姿に腸が煮えくり返りそうだった。

① 아리송하게 　→ 不明瞭に、曖昧に

② 자질구레하게 → こまごまと

③ 안쓰럽게 　　→ 痛々しく、気の毒に

❹ 심드렁하게 　→ 興味がわかなそうに、関心なさそうに

学習Ⓟ 適切な固有語形容詞を選ぶ問題。남의 일인 양とつながるかがポイント。① 아리송하게も言えそうだが、앉아 있다と共起しないので誤答。④が正答。

7） 이런 （척박한） 환경에서 용케도 그런 좋은 인재들이 나왔네요.

→ こんな不毛な環境で、よくもそのような良い人材が出てきましたね。

① 울창한 → 〈鬱蒼-〉鬱蒼とした

② 광활한 → 〈広闊-〉広々とした、広大な

❸ 척박한 → 〈瘠薄-〉土地が非常にやせた

④ 비옥한 → 〈肥沃-〉肥沃な

学習Ⓟ 適切な漢字語形容詞を選ぶ問題。正答③の척박하다は「土地などがやせて干からびている、不毛だ」の意味を表すが、非常に厳しい環境や現実を言うときにも使う。

解 答

8） 진눈깨비가 (추적추적) 내리는 밤거리는 어느새 겨울이 성큼 다
가온 듯했다.

→ みぞれがしとしと降る夜の街は、いつのまにか冬が急に近づいてきたよう
だった。

① 늠실늠실 → しきりに盗み見るさま

② 유들유들 → 図々しく、しゃあしゃあと

❸ 추적추적 → 雨やみぞれが湿っぽくしきりに降るさま、じとじと、しとしと

④ 지끈지끈 → 固いものが壊れたり折れたりする音、がちゃんがちゃん、ぼきっぼきっ

〔学習P〕 適切な擬声擬態語を選ぶ問題。文中の내리다とつながるかがポイント。正答
③の추적추적は「水気を含んでじめじめ降るさま」を表す。雨やみぞれの場
合は使うが雪とは一緒には使わない。

9） 사소한 일도 시빗거리가 되어 (구설)에 오를 수 있으니 단속 잘
해라.

→ 些細なことでもけんかの種になって人々の噂に上るかもしれないから、よ
く取り締まれ。

① 반열 → 〈班列〉位階、身分   ❷ 구설 → 〈口舌〉誹謗、悪口

③ 벼슬 → 官職、官位   ④ 보위 → 〈保衛〉保衛

〔学習P〕 連語を問う問題。すべての選択肢が오르다と共起するが、文中の시빗거리가
되어とつながるかがポイント。正答は②の구설。구설에 오르다で「噂にのぼ
る」という意味になる。同じ意味で구설에 오르내리다「噂になる」とも言う。
구설에 휘말리다「噂に巻き込まれる」のような表現もある。

10） (심통) 깨나 부리던 양반인데 오늘은 점잖으시네.

→ 相当へそを曲げていた旦那なのに、今日は物静かだね。

① 딴전   → とぼけること

《《《筆記

解　答

② 늑장　→　ぐずぐずすること

③ 어리광　→　甘えること

❹ 심통　→　意地悪(심통을 부리다 へそを曲げる、意地悪する)

学習Ｐ　連語を問う問題。すべての選択肢が부리다と共起するが、文末の점잖으시네と意味的につながるのは④のみ。심통을 부리다は「何かが気にくわなくて意固地になって外れた行動をする」ことを意味する。심통を使った連語として심통이 나다、심통을 내다もあるがこの場合の심통は「嫉妬」を意味する。

２　空欄補充問題(慣用句・四字熟語・ことわざ問題)　〈各１点〉

１）자기도 한몫하겠다고 (고사리 같은 손)을 놀리는 모습이 여간 기특한 게 아니다.

→　自分も役割を果たそうと、もみじのような手を動かす姿がとても健気(けなげ)だ。

① 언어들은 풍월　→　耳学問、拾い聞きした知識

② 당근과 채찍　→　飴とムチ

❸ 고사리 같은 손　→　もみじのような手【直訳：ワラビのような手】、小さくかわいい手

④ 닭똥 같은 눈물　→　大粒の涙

学習Ｐ　適切な慣用句を選ぶ問題。文中の놀리다とつながるかがポイント。놀리다は놀다の使役形で「体の一部を一定に動かす」という意味。正答③の고사리 같은 손は子供の手を例えるときによく使われる表現。

２）Ａ：그 사람들이 순순히 물러설까?

Ｂ：걱정하지 마. 원래 잃을 게 많은 사람들이 (몸을 사리는) 법이야.

→　Ａ：あの人たちがおとなしく引き下がるだろうか？
　　Ｂ：心配するな。そもそも失うものが多い人たちは、危ない橋は渡ろうとしないものだ。

144

解　答

① 배를 앓는　　　→ 他人がよくなることを嫉妬する、ねたむ
❷ 몸을 사리는　　→ 体を惜しむ、骨を惜しむ；気をつける、自重する
③ 수족을 놀리는　→ 手足を動かす、五体満足な
④ 종종걸음을 치는 → 小走りする、すたすた（と）歩く

学習P 適切な慣用句を選ぶ問題。正答は②。몸을 사리다は「慎重になる、気をつける、躊躇する、自重する」という意味。그 배우는 몸을 사리지 않는 연기로 유명해졌다「その俳優は体を張った演技で有名になった」、나이가 들어서인지 몸을 많이 사리게 됐다「年を取ったせいか体に気をつけるようになった」のように使う。

3）교과서 한번 제대로 안 보고 시험 보면서 고득점을 바라다니 (어불성설)이다.
　→ 教科書を一度もまともに見ずに試験を受けておきながら、高得点を望むなんて話にならない。

① 청출어람 → 〈青出於藍〉青は藍より出でて藍より青し。出藍の誉れ。
❷ 어불성설 → 〈語不成説〉話が全く理屈に合わないこと。
③ 실사구시 → 〈実事求是〉事実に基づいて真理を探究すること。
④ 공리공론 → 〈空理空論〉空理空論

学習P 適切な四字熟語を選ぶ問題。文全体の意味が理にかなっていない非論理的で不合理なことを言っているので正答は②。

4）A：아니, 남들은 못 가서 안달이라는데, 걔는 오라는 걸 안 갔단 말이야?
　B：(평안 감사도 저 싫으면 그만이라잖아.) 가고 싶은 데가 따로 있나 보더라.
　→ A：なんで他の人たちは行けなくてやきもきしているのに、あの子は来いというのに行かなかったの？
　　B：どんなに良くても本人が嫌なら仕方ないと言うじゃない。行きたいところが別にあるみたいだよ。

解　答

① 한 번 실수는 병가지상사라잖아.

　→ 勝敗は兵家の常というじゃない。

② 하늘을 봐야 별도 따지 않겠어.

　→ 空を見なければ星も取れないよ。

❸ 평안 감사도 저 싫으면 그만이라잖아.

　→ どんなに良くても本人が嫌なら仕方ないと言うじゃない【直訳：平安(道)監司も自分が嫌なら仕方ないというじゃない】。

④ 산 사람 목구멍에 거미줄 치겠어.

　→ 生きている人の口にクモの巣がかかるだろうか。

学習Ⓟ 適切なことわざを選ぶ問題。Aの오라는 걸 안 갔단 말이야?が手掛かりとなる。他の人から見ていくら良い条件で誘われても当の本人が嫌なら仕方ないということなので③が正答。평안 감사の감사は朝鮮時代における地方管理職の一つで、特に平安道地域の감사は相当重要な要職で羨望の対象だったと言われている。

3　下線部と置き換えが可能なものを選ぶ問題　　〈各1点〉

1) 그 가수의 목소리는 탄산수 같은 청량감이 있어서 아주 마음에 든다.

　→ その歌手の声は炭酸水(の)ような清涼感があってとても気に入った。

❶ 톡 쏘는 것　　→ ぱちんと弾ける

② 푹 퍼지는 것 → とろとろにのびる

③ 콕 쑤시는 것 → ちくりと刺す

④ 꽉 막히는 것 → ぎゅっと詰まる

学習Ⓟ 置き換えが可能な名詞節を選ぶ問題。文中の청량감이 있어서とつながるかがポイント。炭酸水の炭酸が弾ける様子に最も近い表現は①。

解　答

2）조기 유학이다 뭐다 남들 하는 거 다 시키려니 고생이 이만저만 아니다.

→ 早期留学だとか何だとか、他の人がすることを全部させようとすると、苦労が並大抵ではない。

① 골수에 사무친다 → 骨身にしみる
② 복장이 터진다　→ 胸が破れる。とても腹が立つ
③ 눈이 뒤집힌다　→ 目がくらむ
❹ 등골이 빠진다　→ 耐えがたいほど苦労する

学習P 置き換えが可能な慣用句を選ぶ問題。이만저만は「状態や性質が普通に考えられたり統制できたりする程度、並々」という意味で、主に아니다、않다のような否定を表す言葉と一緒に使われる。正答④の등골の골は骨ではなく脳とつながる神経を意味しているのでそれが損傷を受けたら様々な身体的苦痛を味わうということから「耐えがたい苦労をする」という意味になる。

3）마감일이 다가오면 늘 집안에 틀어박힌 채 밤낮없이 작업한다.

→ 締め切りが近づくと、いつも家の中に閉じこもったまま昼夜を問わず作業する。

① 불문곡직하고 → 〈不問曲直-〉ことの是非を問わないことで
② 중구난방하고 → 〈衆口難防-〉防ぐことが難しいほど大勢で騒いで
❸ 두문불출하고 → 〈杜門不出-〉閉じこもって外出しないで
④ 고립무원하고 → 〈孤立無援-〉孤立無援で

学習P 置き換えが可能な四字熟語を選ぶ問題。틀어박히다は「引きこもる、閉じこもる」という意味。これに合う四字熟語は③。正答の두문불출の두문は「門を閉める」という意味。

4）A：아니 그렇게 막연한 말만 믿고 무턱대고 찾아나선 거야?
　B：글쎄 말이야. 진짜 막막하네.

解　答

→　A：なんでそんなに漠然とした言葉だけを信じてむやみに探すことにしたの？
　　B：そうだね。本当に<u>途方に暮れちゃう</u>ね。

① 손바닥으로 하늘 가리기네

　　→　隠そうとしても隠し切れないね

② 제 살 깎아 먹기네

　　→　自滅行為だね

③ 되로 주고 말로 받기네

　　→　一升ますで与えて一斗ますで得るだね／少量を与えて大量のお返しだね

❹ 서울 가서 김 서방 찾기네

　　→　途方もない人探しだね／無鉄砲に人を探しに行くねえ。【直訳：ソウル
　　　　でキムさん探しだね】

学習Ｐ　置き換えが可能なことわざを選ぶ問題。막막하다は「どうすればいいのか途
方に暮れる、絶望的だ」という意味。正答④의 서울 가서 김 서방 찾기はソウ
ルのような都会で、韓国で最も多い名字の一つであるキムさんを探すこと
は到底無理だというところから「無鉄砲に人を探しに行く、途方もない人探
し」という意味を表すようになった。

---

④　空欄補充問題（文法問題）　　　　　　　　　　〈各１点〉

1）요컨대 네 말(인즉슨) 너만 잘났고 나머진 모조리 다 잔챙이다
이거군.

　　→　要するに君が言（うことは）、君だけが偉くて、残りは全員小粒だというこ
　　　　とだね。

① 이나마　　→　～でも、せめて～だけでも、～くらい

❷ 인즉슨　　→　～はと言えば、～について言えば、～によると

③ 인들　　　→　～だとしても、～であろうとも、～とて

148

解　答

④ 이다마는　→　～が、～けれども

学習Ｐ 適切な助詞を選ぶ問題。正答②の－인즉슨は、全体が一つの助詞として名詞につく。이유인즉슨 사람이 너무 많다는 것이다「理由はと言えば人が多すぎるということだ」、그렇게 된 사연인즉슨 이렇다「そうなったわけと言えばこうだ」のように使う。

2）세태가 (어지러울진대) 어찌 개탄하지 않을 수 있겠습니까?

　→ 世相が(乱れるからには)、どうして嘆かずにいられるでしょうか?

❶ 어지러울진대　→ 乱れるならば、乱れるからには

② 어지러울까마는 → 乱れるかと思うが

③ 어지러우려니와 → 乱れもするが

④ 어지럽게시리　→ 乱れるように

学習Ｐ 適切な語尾を選ぶ問題。正答①の－(으)ㄹ진대は、「～なのだから、～からには」という意味の語尾で、後ろの事柄の条件や根拠となる。古風な表現。

3）누가 (먼저랄 것 없이) 주섬주섬 짐을 챙기기 시작했다.

　→ 誰が(先と言うことなく)、一つ一つ荷物をまとめ始めた。

① 먼저랄까 봐　　→ 先かと思って

② 먼저랬자　　　→ 先と言っても

❸ 먼저랄 것 없이 → 先と言わず、先と言うことなく

④ 먼저냐고 들면　→ 先かと言えば

学習Ｐ 適切な慣用表現を選ぶ問題。正答は③。文末の짐을 챙기기 시작했다と意味的に自然につながるかがポイント。－라고 할 것 (도) 없다「～というまで(も)なく」を縮約した慣用表現。

4）다시는 안 볼 것처럼 매정하게 (돌아설 때는 언제고) 이제 와서 뭘 어쩌자는 거지?

解 答

→ 二度と会わないかのようにつれなく(背を向けたくせに)、今になって何をどうしようっていうの?

❶ 돌아설 때는 언제고 → 背を向けたくせに

② 돌아서고 뭐고 간에 → 背を向けるであれ何であれ

③ 돌아설 성싶으면 → 背を向けるような気がすれば

④ 돌아서는 통에 → 背を向けるせいで

学習Ⓟ 適切な慣用表現を選ぶ問題。文中の이제 와서とつながるかがポイント。正答は①。-(으)ㄹ 때는 언제고は「いつだか~するときもあったのにそのくせにいまさら」という意を表す慣用表現。먹기 싫다고 할 때는 언제고 이젠 더 없냐고 한다「食べたくないと言っていたくせに今はもっとないか(もっと欲しい)と言う」などと使う。

---

5 空欄に入れるのに適切ではないものを選ぶ問題 〈各1点〉

1) 매콤하고 (×따끔한) 국물 맛이 아주 일품이다.

→ ぴりっとして(×ちくっと痛い)スープの味がとても絶品です。

① 얼큰한 → 辛くてひりひりする

② 칼칼한 → 少し辛い

③ 알싸한 → 口の中や鼻がひりひりする

❹ 따끔한 → 針で刺すようにちくっと痛い

学習Ⓟ 不適切な表現を1つ選ぶ問題。文中の국물 맛とつながるかがポイント。④の따끔하다は味を表す表現ではないので不適切。

2) 곳곳에서 쏟아지는 온갖 비난의 화살로 인해 (×시름을 접으면서도) 그는 꿋꿋했다.

解 答

→ あちこちから降り注ぐあらゆる非難の矢によって(×心配することをやめな
がらも)、彼は屈しなかった。

① 곤욕을 치르면서도 → ひどい目にあいながらも

② 모멸을 당하면서도 → 侮蔑されながらも

❸ 시름을 접으면서도 → 心配することをやめながらも

④ 수모를 겪으면서도 → 侮辱を受けながらも

学習P 不適切な表現を1つ選ぶ問題。文中の비난의 화살로 인해とつながるかが
ポイント。③の시름을 접다の접다は「やめる、止める、たたむ」という意味で、
それまでしていたことを中止することを表す。同じ意味で시름을 (내려)놓
다とも言う。

3) 내가 차지할 (×마당으로) 버티고 있었는데 결국 물 건너가 버렸다.
→ 私が占有する(×ところで)持ちこたえていたが、結局手遅れになってしま
った。

① 양으로 → ～つもりで、～しようとして

❷ 마당으로 → ～ところで

③ 심산으로 → ～心づもりで

④ 참으로 → (何かをする)考えで、予定で

学習P 不適切な表現を1つ選ぶ問題。文中の차지할とつながるかがポイント。②
の마당は、-(으)ㄴ、-는 마당에の形で使われる慣用表現で「～というのに、
～というときに、～する状況で」などの意味を表す。ある出来事が行われ
るところや望ましくない状況を表すときに用いる。-(으)ㄹ 마당으로という
形では使われないので不適切。

解 答

6 下線部の**誤用**を選ぶ問題 〈各1点〉

1) 헐다

① 오래된 옛날 집은 헐고 다시 짓기로 했다.
    → 古い昔の家は取り壊して建て直すことにした。

② 돼지 저금통을 헐어서 성금을 보냈다.
    → 豚の貯金箱を壊して寄付金を送った。

❸ 내 집이다 생각하고 다리 헐고(×)→펴고(○) 편하게 앉아요.
    → 自分の家だと思って足を崩して楽に座ってください。

④ 백만 원짜리 수표를 헐어서 나눠 가졌다.
    → 百万ウォンの小切手を崩して、分け合った。

学習Ｐ 헐다の誤用を選ぶ問題。③の日本語訳の「(足を)崩す」は、펴다、뻗다「(曲がっているものを)伸ばす」と言う。

2) 처지다

① 어깨가 축 처진 모습을 보니까 마음이 짠하다.
    → 肩をがっくりと落とした姿を見ると胸が痛む。

② 나이가 들면서 점점 볼살이 처지는 것 같아 속상하다.
    → 年を取るにつれてだんだん頬が垂れていくようで癪に障る。

❸ 아침저녁으로 갑자기 기온이 뚝 처지면서(×)→떨어지면서(○)
쌀쌀해졌다.
    → 朝晩、急に気温がぐんと下がって肌寒くなった。

④ 뒤로 처지지 않게 바싹 붙어서 잘 쫓아와라.
    → 後ろに取り残されないようにぴったりついてよく追いかけて来い。

解 答

学習P 誤用を選ぶ問題。③の日本語訳の「気温が下がる」は普通기온이 내려가다と
言うが、文中の뚝とつながる表現としては떨어지다がより自然な表現。

7 下線部の言葉と最も近い意味で用いられた文を選ぶ問題 〈各2点〉

1) 불순물을 걸러 주는 항균 제품이 요즘 잘 나간다.
   → 不純物を取り除く抗菌製品が最近よく売れている。

① 절대 끼니는 거르지 않는다는 게 내 신조야.
   → 絶対に食事は抜かさないというのが私の信条だ。

❷ 이건 거를 필요없이 타서 마시는 커피란다.
   → これは濾す必要なく淹れて飲めるコーヒーなんだって。

③ 한 집 걸러 한 명씩 인원을 차출하라는 지시였다.
   → 1軒おきに1人ずつ人員を出せという指示だった。

④ 까다로운 문제는 거르고 쉬운 거부터 풀어 봐.
   → 難しい問題は飛ばして、やさしいものから解いてみて。

学習P 動詞の用法の使い分けを問う問題。文中の거르다は、ふるいなどにかけて不
純物などを「ろ過する」の意味。②と同じ用法なので正答は②。

2) 오늘 안에 이 일을 담당 부서로 넘기도록 하게.
   → 今日中にこの仕事を担当部署に引き渡すようにしなさい。

① 아이가 하는 말이라고 무심히 넘겼다가는 큰코다친다.
   → 子供が言うことだと何の気なしにやり過ごすとひどい目にあう。

② 너무 긴장한 탓에 마른침을 넘기면서 떨고 있었다.
   → あまりにも緊張したせいで、固唾を呑んで震えていた。

解　答

③ 머리를 잘 빗어서 뒤로 <u>넘기니까</u> 훨씬 인물이 사네.

→ 髪をちゃんととかして後ろに<u>上げたら</u>、ずっとよく見えるね。

❹ 종업원이 그 자리에서 범인을 잡아 경찰에 <u>넘겼다</u>.

→ 従業員がその場で犯人を捕まえて警察に<u>引き渡した</u>。

学習P 動詞用法の使い分けを問う問題。文中の넘기다は、権利や責任、犯人などを「引き渡す」の意味で、④がこれと同じ用法なので正答は④。

8 正しい文を選ぶ問題　　　　　　　　　　　　　〈各1点〉

1) ① 나 이제 그 일에서 손 <u>떨고(×)→털고(○)</u> 나왔어.

→ 私はもうその仕事から手を引いて出てきた。

② 악몽 같은 기억이 점점 목을 <u>매(×)→조여(○)</u> 오는 것 같았다.

→ 悪夢のような記憶が次第に首を締め付けてくるようだった。

❸ 나 때문에 괜히 엉뚱한 자네가 욕을 봤네그려.

→ 私のせいで、なんだか関係無い君に恥をかかせてしまったね。

④ 아니 이런 경을 <u>읽을(×)→칠(○)</u> 놈이 있나.

→ なんて不届き千万なやつなのか。

学習P 正しい文を見つけ出す問題。慣用句がポイント。正しい慣用句は③。욕(을)보다는、「辱められる、(ひどく)苦労する」と言う意味。욕の漢字が〈辱〉であることから連想できる。②の목을 매다は「首を吊る、命を懸ける」、목을 조이다는「首を締める」という意味。

2) ① 바닥에 눌어붙은 누룽지를 박박 <u>긁혀(×)→긁어서(○)</u> 먹었다.

→ 底に焦げついたおこげをがりがりとこそげて食べた。

❷ 길을 터서 누구나 다닐 수 있게 하는 게 급선무다.

→ 道を開いて、誰でも通れるようにするのが急務だ。

解　答

③ 잠깐 전화 받는 사이에 면이 다 <u>늘어(×)→불어(○)</u> 버렸다.

　　→ ちょっと電話に出ている間に、麺がすっかり伸びてしまった。

④ 눈썹이 보일락 말락 하게 앞머리를 <u>오려(×)→잘라(○)</u> 달라
고 했다.

　　→ 眉毛が見えそうで見えないように前髪を切ってほしいと言った。

学習Ⓟ 正しい文を見つけ出す問題。正答は②。名詞と動詞の結びつきが自然なのか
がポイント。誤答④の오리다は刃物やハサミなどで「ある形になるように切
り取る」ことを意味する。색종이를 하트 모양으로 오려 붙였다「色紙をハ
ート模様に切り取って貼り付けた」のように使う。

3) ① 직장 다니면서 <u>절절히(×)→틈틈이(○)</u> 공부한 덕에 합격했다.
　　→ 会社に通いながら暇あるごとに勉強したおかげで合格した。

② 시간 나는 대로 <u>뿔뿔이(×)→짬짬이(○)</u> 부업을 해서 종잣돈
을 모았다.

　　→ 時間ができ次第、合間合間に副業をしてシードマネーを貯めた。

❸ 눈물로 눈가가 촉촉이 젖은 모습이 아직도 눈에 선하다.

　　→ 涙で目じりがしっとり濡れた姿がいまだに目に浮かぶ。

④ 지금까지 일어난 일을 <u>톡톡히(×)→낱낱이(○)</u> 기록해 두었다.

　　→ 今まで起きたことを一つ残らず記録しておいた。

学習Ⓟ 正しい文を見つけ出す問題。副詞と動詞の結びつきが自然なのかがポイン
ト。正答③の촉촉이は、「水気があって少し濡れたようにやや湿っぽい」の意
味を表す副詞。形容詞の촉촉하다を用いた촉촉한 피부「しっとりした肌」な
どの表現もある。

解　答

9 空欄補充問題（対話問題）　　　　　　　　〈各1点〉

1）A：뭐 해? 여기서 이렇게 미적거릴 여유 없어. 시간 별로 안
　　　남았다니까.

　　B：알았어. 근데 아무리 그래도 그렇지 이게 딱 내 취향인데 여
　　　길 그냥 건너뛸 순 없잖아.

　　A：음……. 하긴 그래. (참새가 방앗간을 그냥 지나가겠냐.)

　　B：그렇지. 그럼 내가 아니지.

　→ A：何してるの?　ここでこんなにぐずぐずしている余裕はないよ。時間があ
　　　まり残っていないんだから。

　　B：わかった。でもいくらそうだとしても、これがまさに私の好みなのに、こ
　　　こをそのまま飛ばすことはできないじゃない。

　　A：うん……。そりゃそうだね。(好きなものがあるところを素通りしないよね。)

　　B：そう。そんなの私じゃないよ。

① 쇠뿔도 단 김에 빼라잖냐.

　　→ 思い立ったらためらわずに行動せよと言うじゃないか。

② 사돈의 팔촌도 다 아는 사실이잖냐.

　　→ 赤の他人も皆知っていることじゃないか。

❸ 참새가 방앗간을 그냥 지나가겠냐.

　　→ 好きなものがあるところを素通りしないよね【直訳：スズメが精米所を
　　　そのまま通り過ぎるだろうか】。

④ 바늘 가는 데 실 안 가겠냐.

　　→ いつも一緒じゃないか。

学習P　対話文を完成させる問題。正答は③。ことわざがポイント。いくら時間がな
　　くて急いでいても自分の好きなことは素通りできないというBの話に対し
　　て、A가하긴 그래「そりゃそうだね」と同調しながら続けるセリフなので③
　　が自然。

解 答

2）A：너 무슨 사람이 그러니?

B：다짜고짜 무슨 소리야?

A：지난번 모임에서 내 흉봤다고 해서 확인하려고 연락했는데 답도 없고 말이야.

B：(나 그런 적 없는데 왜 생사람 잡고 그래?)

A：그래? 그럼 내가 헛다리 짚은 건가? 아니라면 미안하고.

→ A：あんた、なんなのよ？

B：いきなり何言ってるの？

A：この前の集まりで私の悪口を言ったと言うから、確認しようと連絡したのに返事もないし。

B：(私そんなこと言っていないのに、どうして何もしていない人に濡れ衣を着せるの？)

A：そうなの？ じゃあ私の見当違いだったのかな？ 違うなら申し訳ない。

① 맨날 곁눈질만 하니까 그 모양이지.

→ 毎日よそ見ばかりするから、そんな格好なんでしょう。

❷ 나 그런 적 없는데 왜 생사람 잡고 그래?

→ 私そんなこと言っていないのに、どうして何もしていない人に濡れ衣を着せるの？

③ 귀동냥한 게 그 정도면 당해 낼 방도가 있나.

→ 聞きかじったものがそれくらいになるなら、到底歯が立たないな。

④ 그거 다 코흘리개 시절 얘기라고.

→ それ全部鼻垂らしだった頃の話だって。

学習P 対話文を完成させる問題。正答は②。最初腹を立てていたＡが見当違いだったことに気づいて謝る展開になるのでＢの話として自然なのは②。생사람は「無実な人、無辜な人、ある物事に何の関わりもない罪のない人」の意味。慣用句の생사람(을) 잡다は「濡れ衣を着せる」という意味。

解　答

3) A : 뭐야 이거! 커피 값 말고 컵 값이 따로 들어?

B : 뭘 그렇게 놀라니? 다 마신 후에 반납하면 그 돈은 다시 돌려 주는 거야. 1회용컵 보증금 제도!

A : 아, 그래? 괜히 놀랐네. 그러고 보니 뉴스로 본 거 같기도 하고…….

B : (세상일 남의 굿 보듯 하더니 이제 좀 피부에 와닿니?)

A : 응. 팍팍 꽂힌다. 꽂혀.

→ A : 何だこれ！　コーヒー代じゃなくてカップ代が別にかかるの？

B : 何をそんなに驚くの？　飲み終わった後に返却すれば、そのお金はまた返してくれるんだよ。使い捨てカップのデポジット制度！

A : あ、そうなんだ？　驚くまでもなかったなあ。そう言えばニュースで見たような気もするし……。

B : (世の中のことを他人事で済ませていたのに、今少しは肌で感じるの？)

A : うん。ぐさっと刺さるよ、刺さる。

① 그거 몇 푼에 그렇게 헐레벌떡 난리법석이니?

→ そのわずかなお金でそんなに息せき切って大騒ぎなの？

② 가난한 서민 피 빨아 먹는 것도 유분수지. 안 그래?

→ 貧しい庶民の血を吸い取るにしても程があるだろう。そうじゃない？

❸ 세상일 남의 굿 보듯 하더니 이제 좀 피부에 와닿니?

→ 世の中のことを他人事で済ませていたのに、今少しは肌で感じるの？

④ 뭔가 뜨끔한 게 찔리는 구석이 있는 거 아냐?

→ 何かちくりとするのは、後ろめたいところがあるんじゃないの？

学習P 対話文を完成させる問題。正答は③。Aの最後のセリフ꽂힌다「(胸に)刺さる」とつながるかがポイント。③の남의 굿 보듯は、「他人事に無関心な態度で傍観すること」を意味する。ここでは他人事のように無関心だったことが急に現実として迫ってくる様子を表現している。

解 答

4) A : 아니 어쩐 일로 벌써 돌아왔어요?

B : 으슬으슬한 게 아무래도 조짐이 이상해서 조퇴했어.

A : 어째 이불을 다 차 내고 자더라니.

B : 내가 그렇게 잠버릇이 고약한가?

A : 몰랐어요? (아주 온 방을 휘젓고 다닌다니까.)

B : 정말 내가 그런다고? 뭐 나야 자고 있으니 알 재간이 있나.

→ A : あれ、どうしてもう帰ってきたんですか?
　 B : ぞくぞくして、どうもおかしな兆しを感じて早退したんだ。
　 A : なんだか布団を全部蹴って寝ていたのがあやしかったよね。
　 B : 私がそんなに寝相が悪いの?
　 A : 知らないんですか? (すっかり部屋中を引っかき回しているんですから。)
　 B : 本当に私がそうなの? そりゃ私は寝ているから、自分で気付けるわけないけど。

① 전에 없이 이를 갈면서 자던데요?

　 → いつになく歯ぎしりしながら寝ていたんですけど?

② 코곯이를 정도껏 해야 말이지요.

　 → いびきをかくのもほどほどにしないといけませんね。

③ 쑥대밭이 따로 없다는 게 맞는 말이죠.

　 → まさにヨモギ畑のようにめちゃくちゃだというのが正しいでしょう。

❹ 아주 온 방을 휘젓고 다닌다니까요.

　 → すっかり部屋中を引っかき回しているんですから。

学習P 対話文を完成させる問題。Bの「そんなに寝相が悪いの?」に対するAが返す言葉として、寝相の悪さを表現しているのは④なので④が正答。誤答③の쑥대밭は、ヨモギが生茂げ廃墟のようにめちゃくちゃになっていることを表す言葉で쑥대밭이 되다、쑥대밭을 만들다「めちゃくちゃにする」のように使う。

解 答

10 読解問題 〈各1点〉

'악마는 디테일에 있다'는 관용구가 계속 회자되는 이유는 그런 사례가 계속 등장하기 때문일 것이다. 노인들의 생계 보전을 위해 지급되는 기초 연금도 그렇다. 노인 빈곤율이 높기로 유명한 우리 나라에서 산업화의 역군이었던 노인들에게 감사와 존중의 의미로 몇 십만 원의 생활비를 좀 보태 드리자는데 뭐가 문제냐는 논리에는 단 한 조각의 결점도 없다. <u>문제는 그 다음의 디테일에서 생기고 있다.</u>

너무 많은 노인이 혜택을 받는 바람에 정작 혜택이 필요한 노인들에게 필요한 만큼의 지원이 가지 못하고 있다. 노인 빈곤율을 낮추기 위해 도입한 정책이지만, 전체 노인의 70% 가까운 비율로 기초 연금을 지급하다 보니 비교적 부유한 노인들에게도 혜택이 돌아가기 때문이다. 반면 기초 연금을 받고 있는 노인 중 3분의 1은 여전히 빈곤선 아래에 머무른다. 앞으로 노인 인구가 급증하면 모든 노인의 70%에게 기초 연금을 주는 이런 시스템은 붕괴할 가능성이 크다. 기초 연금 수급 대상을 줄이는 논의를 빨리 시작해야 하는데, 그 이유는 지출액을 줄이기 위해서가 아니라 고령 빈곤층에게 지원을 집중하기 위해서다.

[日本語訳]

「悪魔は細部に宿る」という慣用句が人々の間で語られ続けている理由は、そのような事例が引き続き現れるからであろう。高齢者の生計維持のために支給される基礎年金もそうである。高齢者の貧困率が高いことで有名な我が国で、産業化の働き手であった高齢者たちに感謝と尊重の意味で数十万ウォンの生活費を少しプラスしてあげようということに何も問題はないという論理には、ただ一かけらの欠点もない。<u>問題はその</u>

解　答

次のディテールから生じている。

　あまりにも多くの高齢者が恩恵を受けたため、本来恩恵が必要な高齢者たちに必要なだけの支援が届けられずにいる。高齢者の貧困率を下げるために導入した政策だが、全体の高齢者の70%近い割合に基礎年金を支給したところ、比較的裕福な高齢者にも恩恵が与えられたためだ。その反面、基礎年金をもらっている高齢者中、３分の１は依然として貧困ライン(生活していくのに最低必要な収入の基準)以下にとどまっている。今後、高齢者人口が急増すれば、全ての高齢者の70%に基礎年金を与えるこのようなシステムは崩壊する可能性が高い。基礎年金受給対象を減らす議論を早く始めなければならないが、その理由は支出額を減らすためではなく、高齢貧困層に支援を集中するためだ。

【問1】　下線部문제는 그 다음의 디테일에서 생기고 있다の意味として最も適切なものを選ぶ問題

① 총론이 그럴싸해 보일수록 각론에 들어가면 문제 투성이다.
　→ 総論がもっともらしく見えるほど、各論に入れば問題だらけだ。

❷ 좋은 목적이라도 세부 내용이 부실하면 부작용이 나온다.
　→ 目的がよくても、細部の内容が不十分だと副作用が起こる。

③ 부분적으로 문제가 있다면 전체적으로도 결함이 있다는 것이다.
　→ 部分的に問題があれば、全体的にも欠陥があるということだ。

④ 대다수에게 득이 되는 정책은 부유층에게는 압박이 된다.
　→ 大多数に得になる政策は、富裕層においては圧迫となる。

[学習P] 下線部の意味として最も適切なものを選ぶ問題。本文の内容によると、基礎年金という大きい制度だけを見ると貧困老人を助けるという좋은 목적「良い目的」で作られたものだが、実際に恩恵を必要とする人に確実に届けるための세부 내용이 부실「細部の内容が不十分」なため、本来恩恵が必要な高

解　答

齢者たちに必要なだけの支援が届けられず比較的裕福な高齢者にも恩恵が
与えられるなど見当違いなこと(부작용「副作用」)が起こるという内容なの
で②が正答。

【問2】 「基礎年金」に対する筆者の考えと<u>一致しないもの</u>を選ぶ問題

① 노인의 생계 보전을 위한다는 목적에는 전적으로 찬성한다.
　→ 高齢者の生計維持のためという目的には、全面的に賛成する。

② 빈곤율을 낮추기 위한 정책인데 오히려 더 빈부 격차를 낳고
　있다.
　→ 貧困率を下げるための政策だが、むしろさらに貧富の格差を生んでいる。

③ 진짜 지원이 필요한 빈곤 노인을 선별하기 위해 논의를 시작
　해야 한다.
　→ 本当に支援が必要な貧困高齢者を選別するために、議論を始めなけれ
　　ばならない。

❹ 전체 노인의 3분의 2가 혜택을 받고 있으니 소기의 목적은
　달성한 셈이다.
　→ 高齢者全体の3分の2が恩恵を受けているので、所期の目的は達成し
　　たわけだ。

学習Ｐ 筆者の考えと一致しないものを選ぶ問題。正答は④。本文で、比較的に裕福
な老人にも恩恵が与えられて、高齢者の3分の1は依然として貧困なまま
でいる現状を問題点として挙げているので④は本文の内容と一致しない。

11 読解問題　　　　　　　　　　　　　　〈各1点〉

　최초의 플라스틱은 코끼리 상아로 만들던 당구공을 대체하려 만들
어졌다. 코끼리 멸종을 우려한 업계의 제안으로 1869년 미국에서 발

解 答

명됐다. 비닐봉지 역시 환경 보호 목적으로 1959년 스웨덴에서 개발됐다. 종이는 목재에서 만들어지고, 종이 사용으로 산림 훼손이 심각해져서 그를 대체하기 위해서였다. (Ⓐ그러나) 최근의 플라스틱은 환경 파괴의 주범으로 몰려 퇴출 운동이 한창이다. 그럼, 플라스틱 빨대의 대안으로써 주목받는 종이 빨대는 과연 친환경적일까?

종이는 플라스틱보다 잘 분해된다고 생각하기 쉽지만, 매립 등의 과정이 필요하다. (Ⓑ게다가) 미생물이 종이를 분해하면 이산화탄소보다 28배나 온실효과가 큰 메탄이 발생한다. 특히 종이 빨대는 재활용조차 거의 불가능하므로 소각되어야 한다. 이 때문에 종이 빨대가 지구온난화에 미치는 영향은 플라스틱 빨대의 3배에 이른다는 연구 결과도 있다. (Ⓒ따라서) 종이가 플라스틱보다 친환경적이라고 생각하긴 힘들다. 핵심은 플라스틱 폐기물이 바다로 흘러가지 않게 하는 것이고, 더 중요한 것은 일회용품을 줄이는 것이다. (Ⓓ요컨대) 산업 발전과 기술 발달이 반드시 환경 파괴나 지구온난화로 귀결되는 것은 아니다. 오히려 인류 문명은 늘 닥친 위기를 과학으로 풀어나갔다.

[日本語訳]

最初のプラスチックは、象牙で作っていたビリヤードのボールを代替しようとして作られた。象の絶滅を憂慮した業界の提案により、1869年に米国で発明されたのだ。ビニール袋も環境保護の目的で1959年スウェーデンで開発された。紙は木材から作られ、紙の使用によって森林破壊が深刻になったので、それを代替するためだった。(Ⓐしかし)最近のプラスチックは環境破壊の主犯に追いやられ、削減運動が真っ盛りだ。では、プラスチックストローの代替品として注目される紙ストローは、果たして環境にやさしいのだろうか?

紙はプラスチックより、よく分解されると考えがちだが、埋め立て

解 答

などの過程が必要だ。(Bその上)微生物が紙を分解すると、二酸化炭素より28倍も温室効果が大きいメタンガスが発生する。特に紙ストローはリサイクルさえほとんど不可能であるため、焼却しなければならない。このため、紙ストローが地球温暖化に及ぼす影響はプラスチックストローの3倍に達するという研究結果もある。(C従って)紙がプラスチックより環境にやさしいとは考えにくい。大切なのはプラスチック廃棄物が海に流れないようにさせることであり、さらに重要なのは使い捨て品を減らすことだ。(D要するに)産業の発展と技術の発達が必ずしも環境破壊や地球温暖化に帰結するわけではないのだ。むしろ人類の文明は常に直面する危機を科学で解決してきた。

【問1】 空欄補充問題

① A요컨대　　B따라서　　Cユ러나　　D게다가
→ A要するに　B従って　Cしかし　Dその上

❷ Aユ러나　　B게다가　　C따라서　　D요컨대
→ Aしかし　　Bその上　　C従って　　D要するに

③ A요컨대　　Bユ러나　　C게다가　　D따라서
→ A要するに　Bしかし　　Cその上　　D従って

④ Aユ러나　　B요컨대　　C따라서　　D게다가
→ Aしかし　　B要するに　C従って　　Dその上

学習P 適切な接続語を選ぶ問題。正答は②。本文の最初の段落においてビニール袋が実は環境保護のために開発されたと述べていて、Aを挟んで今や環境破壊の主犯扱いだと言っているのでAには逆接関係を表すユ러나。Bの後は、前の文章の内容に付け加える内容が続くのでゲ다가。Cは前述の内容を根拠に一つの結果を導き出す内容の文章が続いているので따라서。Dは、本文全体の内容を要約してまとめる結論が後ろに続くので요컨대が適切。

解 答

【問2】 内容の一致を問う問題

① 산업과 기술이 발달하면서 인류는 큰 위기에 직면했다.

　　→ 産業と技術が発達することで、人類は大きな危機に直面した。

② 생태계 보호와 환경 보전을 위해 과학이 기여한 바가 크다.

　　→ 生態系保護と環境保全のために科学が寄与したところが大きい。

❸ 폐기물의 재질이나 종류보다 한 번 쓰고 버리는 게 더 문제다.

　　→ 廃棄物の材質や種類より、使い捨てすることがさらに問題だ。

④ 천연 소재가 화학 소재보다 환경 친화적이다.

　　→ 天然素材が化学素材より環境にやさしい。

学習P 内容の一致を問う問題。正答は③。①は、産業と技術の発達が必ずしも危機に帰結するわけではないと本文の最後から2行目に書いているので本文の内容と一致しない。②は、生態系保護や環境保護について本文では触れていないので誤答。④は、天然素材が環境にやさしいという通念をむしろ本文はひっくり返している内容なので誤答。

12 読解問題　　　　　　　　　　　　　　　〈各1点〉

[북(北)의 문헌에서 인용]

어떤 물체든 무게를 잴수 있으며 그 무게를 수량으로 표시한다.

그러나 무게를 잴수 없으며 수량으로도 표시할수 없는것이 있음을 나는 어느 발전소건설장에서 알게 되었다.

그날 내가 도에서 건설되는 발전소건설장을 찾았을 때였다.

하루해도 저물어 사위는 어둠에 잠겼는데 건설장주변에서 전지를 켜들고 왔다갔다하며 무엇인가를 찾는 한 청년의 모습이 보이였다.

解 答

　찬 날씨에도 아랑곳없이 어둠속에서 헤매는것으로 보아 무슨 귀중한것을 잃었는가싶어 다가가보니 작업과정에 생긴 여러가지 자재자투리들을 주어모으고있었다.

　그의 마음을 알게 된 나는 한동안 그와 같이 자재자투리를 찾아 모아담으니 얼마 되나마나하였다.

　《참 좋은 일을 합니다.》하고 내가 말하자 그는 의아한 표정으로 나를 보더니 대수롭지 않은 평범한 어조로 대답했다.

　《뭐 누구나 다 하는 일입니다.》하며 그는 자재자투리를 담은 마대를 들었다.

　내가 청년에게 같이 들자고 하니 그는 웃으며 사양했다.

　《얼마 되지 않으니 무겁지 않습니다.》

　그리고는 유휴자재를 모아놓는 곳으로 걸음을 옮기는것이였다.

　사실 이런 큰 건설장에서 작업과정에 나오는 여러가지 자재자투리들의 량은 보잘것없는것이다. 그러나 저 청년을 비롯한 건설자들은 하루작업을 마친 다음 자각적으로 저렇게 자투리들을 모아들인다니 얼마나 훌륭한 청년들인가.

　청년이 등에 가볍게 메고가는 그 마대가 나에게는 크게 그리고 무겁게 안겨왔다.

[日本語訳]

　どんな物体であれ重さを測ることができ、その重さを数量で表示する。

　しかし、重さを測れず数量でも表示できないものがあることを、私はある発電所建設現場で知ることとなった。

　その日、私が道で建設される発電所建設場を訪ねたときであった。

　日も暮れて周囲は闇に沈んだが、建設現場周辺で懐中電灯をつけて行ったり来たりしながら何かを探している一人の青年の姿が見えた。

解 答

　寒さも関係ないように闇の中でさまよっているのを見て、何か大切なものを失くしたのかと思い近づいてみると、作業の過程で生じた様々な資材の切れ端を拾い集めていた。

　<u>彼の思い</u>を知ることとなった私は、しばらくの間、彼といっしょに資材の切れ端を探し集めたが、いくらにもならなかった。

　「本当によいことをしていますね」と私が言うと、彼は怪訝な表情で私を見て、たいしたことはないという平凡な口調で答えた。

　「いや、誰も皆がすることです」と言って、彼は資材の切れ端を入れた麻袋を持った。

　私が青年に一緒に持とうと言うと、彼は笑いながら遠慮した。

　「いくらにもならないので、重くありません。」

　そして遊休資材を集めておく場所へと足を運ぶのだった。

　実際こんなに大きな建設現場で、作業過程で出る様々な資材の切れ端の量は取るに足らないものだ。しかしあの青年をはじめとする建設労働者たちは、一日の作業を終えた後、自発的にあのように切れ端を集めるというのだから、なんと立派な青年たちだろうか。

　青年が背中に軽々と担ぐあの麻袋が、私には大きくそして重く感じられた。

【問1】　文のタイトルとして適切なものを選ぶ問題

　　① 보잘것 없는 만남　→ 取るに足らない出会い

　　❷ 잴 수 없는 무게　→ 測ることができない重さ

　　③ 건설자들의 애환　→ 建設労働者の哀歓

　　④ 꿈을 담은 마대　→ 夢をこめた麻袋

学習Ｐ　適切な文のタイトルを選ぶ問題。共和国の長文問題。本文で述べたい要旨が入っているタイトルとして最も適切なのは②。本文の最初の1〜3行がヒントになる。

解 答

【問2】 下線部<u>그의 마음</u>として正しいものを選ぶ問題

① 참된 건설자로서 모범을 보여야 한다.
　→ 真の建設労働者として模範を示さなければならない。

❷ 자투리라 하더라도 버릴 수 없다.
　→ 切れ端だとしても捨てることはできない。

③ 하나라도 더 주워서 마대를 채우겠다.
　→ 一つでもさらに拾って麻袋を満たそう。

④ 자기 장래에 보탬이 되는 것을 찾아야겠다.
　→ 自分の将来の足しになるものを探さなければならない。

学習P 下線部の意味として正しいものを選ぶ問題。本文を見ると、最も適切に그の마음を表しているのは②。本文の真ん中辺りから始まる二人の会話の内容から青年が人に見せるためとか出世や私利私欲のために切れ端を集めているわけではないことがわかるので①③④は誤答。

13 翻訳問題（韓国・朝鮮語→日本語）　　　〈各2点〉

1) 이 모양 이 꼴인 거 너희 엄마가 아시면 퍽이나 좋아하시겠다.
　→ こんなありさまを君のお母さんが知ったら、さぞかし喜ぶだろうな。

2) 지체 높은 양반이 이런 누추한 곳에 다 납시고 어쩐 일이시래?
　→ おえらい方がこんなむさくるしいところにお出でになるとは、何のご用かしら。

3) 자고로 변덕이 죽 끓듯 하는 사람은 소신이 없는 게야.
　→ そもそも気まぐれな人は芯がないものだよ。

解 答

4) 외국에서나 볼 수 있던 광경이 심심찮게 눈에 띄네요.

→ 外国でしか見られなかった光景が、しばしば目につきますね。

14 翻訳問題（日本語→韓国・朝鮮語）　　　　　　〈各 2 点〉

1) 命からがら逃げ出して来た彼は、しばらく放心状態だった。

→ 목숨만 간신히 건지고 나온 그는 한동안 넋이 나가 있었다.

2) あいにくの天気で足元が悪いなか、遠路はるばるご足労をおかけし
ました。

→ 궂은 날씨인데도 불구하고 먼 길 오시느라 고생 많으셨습니다.

3) 落としどころを探したが、平行線をたどったまま物別れになった。

→ 타협점을 모색했지만 간격을 좁히지 못한 채 결렬됐다.

4) 通り一遍のことしか言えず、歯がゆいばかりであった。

→ 뻔한 말밖에 하지 못해서 답답하기 그지 없었다.

1級聞きとり・書きとり 正答と配点

●40点満点

問題	設問	マークシート番号	正　答	配　点
1	1)	1	①	2
	2)	2	③	2
2	1)	3	②	2
	2)	4	④	2
3	1)	5	④	2
	2)	6	④	2
4	1)	7	②	2
	2)	8	③	2
5	【물음1】	9	②	2
	【물음2】	10	①	2
6	【물음1】	11	③	2
	【물음2】	12	③	2
7	1)①、②	記　述　式		2
	2)①、②			2
	3)①、②			2
	4)①、②			2
8	1)①、②	記　述　式		2
	2)①、②			2
	3)①、②			2
	4)①、②			2
合計	20			40

１級筆記　正答と配点

●60点満点

問題	設問	マークシート番号	正答	配点
1	1)	1	③	1
	2)	2	①	1
	3)	3	②	1
	4)	4	③	1
	5)	5	①	1
	6)	6	④	1
	7)	7	③	1
	8)	8	③	1
	9)	9	②	1
	10)	10	④	1
2	1)	11	③	1
	2)	12	②	1
	3)	13	②	1
	4)	14	③	1
3	1)	15	①	1
	2)	16	④	1
	3)	17	③	1
	4)	18	④	1
4	1)	19	②	1
	2)	20	①	1
	3)	21	③	1
	4)	22	①	1
5	1)	23	④	1
	2)	24	③	1
	3)	25	②	1

問題	設問	マークシート番号	正答	配点
6	1)	26	③	1
	2)	27	③	1
7	1)	28	②	2
	2)	29	④	2
8	1)	30	③	1
	2)	31	②	1
	3)	32	③	1
9	1)	33	③	1
	2)	34	②	1
	3)	35	③	1
	4)	36	④	1
10	【물음1】	37	②	1
	【물음2】	38	④	1
11	【물음1】	39	②	1
	【물음2】	40	③	1
12	【물음1】	41	②	1
	【물음2】	42	②	1
13	1)	記　述　式		2
	2)			2
	3)			2
	4)			2
14	1)	記　述　式		2
	2)			2
	3)			2
	4)			2
合計	50			60

問 題

〈1급 2차시험(면접) 과제문〉

영문 운전면허증 사용 가능 국가 확대

도로교통공단은 '영문 운전면허증'을 사용할 수 있는 국가가 기존 37개국에서 54개국으로 확대됐다고 밝혔다.

영문 운전면허증은 대한민국 운전면허증 뒷면에 운전면허 정보를 영문으로 표기한 것으로, 이 면허증만으로도 해외에서 운전할 수 있다.

영문 운전면허증은 공단과 경찰청이 국민 편의를 위해 2019년부터 발급을 시작했으며 별도의 번역 공증서나 국제 운전면허증을 발급받지 않아도 해외에서 운전할 수 있다는 장점이 있다.

다만 이전에는 영문 운전면허증 사용이 가능했으나 올해부터 불가하게 된 국가도 있으므로 출국 전 반드시 최근 기준의 사용 가능 국가를 확인해야 한다. 아울러 운전이 가능한 기간은 최소 30일이지만 최대 면허증 유효기간 등은 국가별로 다른 만큼 각각 숙지해야 한다.

도로교통공단은 사용 조건과 여권·비자 같은 소지 서류 등 세부 요건을 해당 국가에 있는 한국대사관을 통해 정확히 확인할 것을 당부했다.

영문 운전면허증은 전국 도로교통공단 운전면허 시험장에서 운전면허 신규 취득, 재발급, 적성 검사와 갱신 시 신청하면

된다. 재발급은 홈페이지와 경찰서 민원실에서도 신청할 수 있다.

현재 영문 운전면허증을 사용할 수 있는 국가는 아시아 5개국, 오세아니아 12개국, 아메리카 11개국, 유럽 14개국, 중동 4개국, 아프리카 8개국이다.

翻　訳

[1級2次試験（面接）　課題文　日本語訳]

英文運転免許証の使用可能な国家拡大

　道路交通公団は、「英文運転免許証」を使用できる国家が既存の37か国から54か国に拡大したことを明らかにした。

　英文運転免許証は、大韓民国運転免許証の裏面に、運転免許情報を英文で表記したもので、この免許証だけで海外で運転することができる。

　英文運転免許証は、公団と警察庁が国民の便宜を図るために2019年より発給を始め、別途の翻訳公証書や国際運転免許証の発給を受けなくても、海外で運転することができるというメリットがある。

　但し、以前は英文運転免許証の使用が可能であったが、本年より不可となった国もあるため、出国前に必ず直近の基準で使用可能な国家を確認しなければならない。合わせて運転可能な期間は最小30日であるが、免許証の最大有効期間などは国ごとに異なるため、それぞれ熟知しなければならない。

　道路交通公団は、使用条件と旅券・ビザのような所持書類など細かい要件を当該国家にある韓国大使館を通して正確に確認するよう要請した。

　英文運転免許証は全国の道路交通公団運転免許試験場で新規取得、再発給、適性検査と更新時に申請すればよい。再発給は

ホームページと警察署請願室でも申請可能だ。

　現在英文運転免許証を使用できる国家はアジア5か国、オセアニア12か国、アメリカ11か国、ヨーロッパ14か国、中東4各国、アフリカ8か国である。

かな文字のハングル表記
（大韓民国方式）

【かな】	【ハングル】									
	＜語頭＞					＜語中＞				
あ い う え お	아	이	우	에	오	아	이	우	에	오
か き く け こ	가	기	구	게	고	카	키	쿠	케	코
さ し す せ そ	사	시	스	세	소	사	시	스	세	소
た ち つ て と	다	지	쓰	데	도	타	치	쓰	테	토
な に ぬ ね の	나	니	누	네	노	나	니	누	네	노
は ひ ふ へ ほ	하	히	후	헤	호	하	히	후	헤	호
ま み む め も	마	미	무	메	모	마	미	무	메	모
や ゆ よ	야		유		요	야		유		요
ら り る れ ろ	라	리	루	레	로	라	리	루	레	로
わ を	와				오	와				오
が ぎ ぐ げ ご	가	기	구	게	고	가	기	구	게	고
ざ じ ず ぜ ぞ	자	지	즈	제	조	자	지	즈	제	조
だ ぢ づ で ど	다	지	즈	데	도	다	지	즈	데	도
ば び ぶ べ ぼ	바	비	부	베	보	바	비	부	베	보
ぱ ぴ ぷ ぺ ぽ	파	피	푸	페	포	파	피	푸	페	포
きゃ きゅ きょ	갸		규		교	캬		큐		쿄
しゃ しゅ しょ	샤		슈		쇼	샤		슈		쇼
ちゃ ちゅ ちょ	자		주		조	차		추		초
にゃ にゅ にょ	냐		뉴		뇨	냐		뉴		뇨
ひゃ ひゅ ひょ	햐		휴		효	햐		휴		효
みゃ みゅ みょ	먀		뮤		묘	먀		뮤		묘
りゃ りゅ りょ	랴		류		료	랴		류		료
ぎゃ ぎゅ ぎょ	갸		규		교	갸		규		교
じゃ じゅ じょ	자		주		조	자		주		조
びゃ びゅ びょ	뱌		뷰		뵤	뱌		뷰		뵤
ぴゃ ぴゅ ぴょ	퍄		퓨		표	퍄		퓨		표

撥音の「ん」と促音の「っ」はそれぞれパッチムのㄴ、ㅅで表す。
長母音は表記しない。タ行、ザ行、ダ行に注意。

かな文字のハングル表記
(朝鮮民主主義人民共和国方式)

【かな】	【ハングル】	
	＜語頭＞	＜語中＞
あ い う え お	아 이 우 에 오	아 이 우 에 오
か き く け こ	가 기 구 게 고	까 끼 꾸 께 꼬
さ し す せ そ	사 시 스 세 소	사 시 스 세 소
た ち つ て と	다 지 쯔 데 도	따 찌 쯔 떼 또
な に ぬ ね の	나 니 누 네 노	나 니 누 네 노
は ひ ふ へ ほ	하 히 후 헤 호	하 히 후 헤 호
ま み む め も	마 미 무 메 모	마 미 무 메 모
や ゆ よ	야 유 요	야 유 요
ら り る れ ろ	라 리 루 레 로	라 리 루 레 로
わ を	와 오	와 오
が ぎ ぐ げ ご	가 기 구 게 고	가 기 구 게 고
ざ じ ず ぜ ぞ	자 지 즈 제 조	자 지 즈 제 조
だ ぢ づ で ど	다 지 즈 데 도	다 지 즈 데 도
ば び ぶ べ ぼ	바 비 부 베 보	바 비 부 베 보
ぱ ぴ ぷ ぺ ぽ	빠 삐 뿌 뻬 뽀	빠 삐 뿌 뻬 뽀
きゃ きゅ きょ	갸 규 교	꺄 뀨 꾜
しゃ しゅ しょ	샤 슈 쇼	샤 슈 쇼
ちゃ ちゅ ちょ	쟈 쥬 죠	쨔 쮸 쬬
にゃ にゅ にょ	냐 뉴 뇨	냐 뉴 뇨
ひゃ ひゅ ひょ	햐 휴 효	햐 휴 효
みゃ みゅ みょ	먀 뮤 묘	먀 뮤 묘
りゃ りゅ りょ	랴 류 료	랴 류 료
ぎゃ ぎゅ ぎょ	갸 규 교	갸 규 교
じゃ じゅ じょ	쟈 쥬 죠	쟈 쥬 죠
びゃ びゅ びょ	뱌 뷰 뵤	뱌 뷰 뵤
ぴゃ ぴゅ ぴょ	뺘 쀼 뾰	뺘 쀼 뾰

撥音の「ん」は語末と母音の前では o パッチム、それ以外では ㄴ パッチムで表す。
促音の「っ」は、か行の前では ㄱ パッチム、それ以外では ㅅ パッチムで表す。
長母音は表記しない。夕行、ザ行、ダ行に注意。

ㅎ
ㄴ

「ハングル」能力検定試験
資　　料

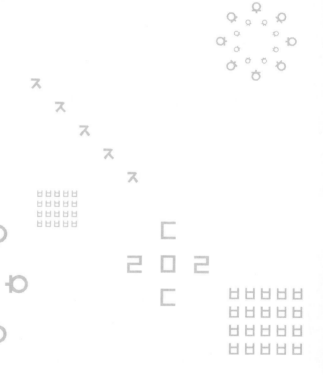

2023年春季　第59回検定試験状況

●試験の配点と平均点・最高点

級	配点(100点満点中)			全国平均点			全国最高点		
	聞・書	筆記	合格点(以上)	聞・書	筆記	合計	聞・書	筆記	合計
1級	40	60	70	20	32	52	37	52	89
2級	40	60	70	24	32	56	38	54	90
準2級	40	60	70	25	39	64	40	60	100
3級	40	60	60	27	42	69	40	60	100
4級	40	60	60	29	45	74	40	60	100
5級	40	60	60	31	48	79	40	60	100

●出願者・受験者・合格者数など

	出願者数(人)	受験者数(人)	合格者数(人)	合格率	累計(1回〜59回)		
					出願者数	受験者数	合格者数
1級	120	106	20	18.9%	5,427	4,943	578
2級	426	370	70	18.9%	27,286	24,332	3,673
準2級	1,204	1,055	434	41.1%	67,127	60,469	20,295
3級	2,559	2,218	1,669	75.2%	125,899	112,040	62,084
4級	3,178	2,713	2,151	79.3%	150,593	133,468	98,508
5級	2,966	2,519	2,157	85.6%	136,885	121,362	98,497
合計	10,453	8,981	6,501	72.4%	514,160	457,486	283,721

※累計の各合計数には第18回〜第25回までの準1級出願者、受験者、合格者数が含まれます。

■年代別出願者数

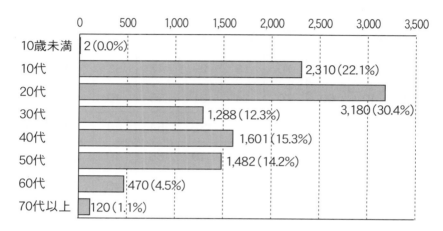

	人数
10歳未満	2 (0.0%)
10代	2,310 (22.1%)
20代	3,180 (30.4%)
30代	1,288 (12.3%)
40代	1,601 (15.3%)
50代	1,482 (14.2%)
60代	470 (4.5%)
70代以上	120 (1.1%)

■職業別出願者数

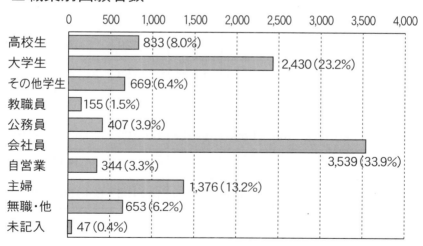

	人数
高校生	833 (8.0%)
大学生	2,430 (23.2%)
その他学生	669 (6.4%)
教職員	155 (1.5%)
公務員	407 (3.9%)
会社員	3,539 (33.9%)
自営業	344 (3.3%)
主婦	1,376 (13.2%)
無職・他	653 (6.2%)
未記入	47 (0.4%)

2023年秋季　第60回検定試験状況

●試験の配点と平均点・最高点

級	配点(100点満点中)			全国平均点			全国最高点		
	聞・書	筆記	合格点 (以上)	聞・書	筆記	合計	聞・書	筆記	合計
1級	40	60	70	18	29	47	35	49	83
2級	40	60	70	24	31	55	40	55	95
準2級	40	60	70	22	32	54	40	60	100
3級	40	60	60	25	40	65	40	60	100
4級	40	60	60	30	44	74	40	60	100
5級	40	60	60	33	48	81	40	60	100

●出願者・受験者・合格者数など

	出願者 数(人)	受験者 数(人)	合格者 数(人)	合格率	累計(1回～60回)		
					出願者数	受験者数	合格者数
1級	102	93	6	6.5%	5,529	5,036	584
2級	472	412	75	18.2%	27,758	24,744	3,748
準2級	1,385	1,209	225	18.6%	68,512	61,678	20,520
3級	2,801	2,443	1,558	63.8%	128,700	114,483	63,642
4級	3,422	2,991	2,336	78.1%	154,015	136,459	100,844
5級	3,221	2,788	2,376	85.2%	140,106	124,150	100,873
合計	11,403	9,936	6,576	66.2%	525,563	467,422	290,297

※累計の各合計数には第18回～第25回までの準1級出願者、受験者、合格者数が含まれます。

■年代別出願者数

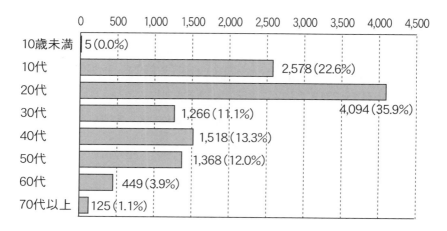

10歳未満	5 (0.0%)
10代	2,578 (22.6%)
20代	4,094 (35.9%)
30代	1,266 (11.1%)
40代	1,518 (13.3%)
50代	1,368 (12.0%)
60代	449 (3.9%)
70代以上	125 (1.1%)

■職業別出願者数

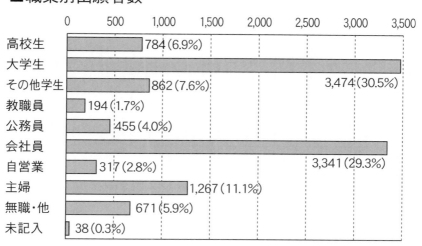

高校生	784 (6.9%)
大学生	3,474 (30.5%)
その他学生	862 (7.6%)
教職員	194 (1.7%)
公務員	455 (4.0%)
会社員	3,341 (29.3%)
自営業	317 (2.8%)
主婦	1,267 (11.1%)
無職・他	671 (5.9%)
未記入	38 (0.3%)

●合格ラインと出題項目一覧について

◇合格ライン

	聞きとり		筆記		合格点
	配点	必須得点(以上)	配点	必須得点(以上)	100点満点中(以上)
5級	40		60		60
4級	40		60		60
3級	40	12	60	24	60
準2級	40	12	60	30	70
2級	40	16	60	30	70
	聞きとり・書きとり		筆記・記述式		
	配点	必須得点(以上)	配点	必須得点(以上)	
1級	40	16	60	30	70

◆解答は、5級から2級まではすべてマークシート方式です。
　1級は、マークシートと記述による解答方式です。

◆5、4級は合格点(60点)に達していても、聞きとり試験を受けていないと不合格になります。

◇出題項目一覧

	初　　　級		中　　　級		上　　　級	
	5級	4級	3級	準2級	2級	1級
学習時間の目安	40時間	80	160	240～300	—	—
発音と文字					*	*
正書法						
語彙						
擬声擬態語			*	*		
接辞、依存名詞						
漢字						
文法項目と慣用表現						
連語						
四字熟語				*		
慣用句						
ことわざ						
縮約形など						
表現の意図						
テクストの理解と産出　内容理解						
接続表現	*	*				
指示詞	*	*				

※灰色部分が、各級の主な出題項目です。
　「＊」の部分は、個別の単語として取り扱われる場合があることを意味します。

「ハングル」検定公式テキスト
ペウギ 準2級/3級/4級/5級

ハン検公式テキスト。これで合格を
目指す！　暗記用赤シート付。
準2級/2,970円（税込）※CD付き
3級/2,750円（税込）
5級、4級/各2,420円（税込）
※A5版、音声ペン対応

合格トウミ【改訂版】
初級編 / 中級編 / 上級編

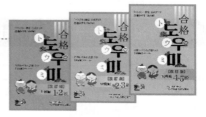

レベル別に出題語彙、慣用句、慣用表現
等をまとめた受験者必携の一冊。
暗記用赤シート付。
初級編/1,760円（税込）
中級編、上級編/2,420円（税込）
※A5版、音声ペン対応

中級以上の方のためのリスニング BOOK
読む・書く「ハン検」

長文をたくさん読んで「読む力」を鍛える！
1,980円（税込）
※A5版、音声ペン対応
別売CD/1,650円（税込）

ハン検 過去問題集（ＣＤ付）

年度別に試験問題を収録した過去問題集。
学習に役立つワンポイントアドバイス付！
1、2級/各2,200円（税込）
準2、3級/各1,980円（税込）
4、5級/各1,760円（税込）
※2021年版のみレベル別に収録。

協会書籍対応　音声ペン

対応書籍にタッチするだけでネイティブの発音が聞ける。
合格トウミ、読む書く「ハン検」、ペウギ各級に対応。
※音声ペンは「ハン検オンラインショップ」からご購入いただけます。

〈ハン検オンラインショップ〉 **https://hanken.theshop.jp**

好評発売中

2023年版 ハン検公式 過去問題集
（リスニングサイト・音声ダウンロード）

2022年第57回、58回分の試験問題を級別に収録、公式解答・解説付！

１級、２級	各2,420円（税込）
準２級、３級	各2,200円（税込）
４級、５級	各1,980円（税込）

購入方法

①全国主要書店でお求めください。（すべての書店でお取り寄せできます）

②当協会へ在庫を確認し、下記いずれかの方法でお申し込みください。
【方法１：郵便振替】
振替用紙の通信欄に書籍名と冊数を記入し代金と送料をお支払いください。
お急ぎの方は振込受領書をコピーし、書籍名と冊数、送付先と氏名をメモ書き
にしてFAXでお送りください。
　　　　　　◆口座番号：00160－5－610883
　　　　　　◆加入者名：ハングル能力検定協会
（送料1冊350円、2冊目から1冊増すごとに100円増、10冊以上は無料）
【方法２：代金引換え】
書籍代金（税込）以外に別途、送料と代引き手数料がかかります。詳しくは協会
へお問い合わせください。

③協会ホームページの「書籍販売」ページからインターネット注文ができます。
（https://www.hangul.or.jp）

2024年版「ハングル」能力検定試験

公式 過去問題集〈1級〉

2024年3月1日発行

編　著	特定非営利活動法人 ハングル能力検定協会
発　行	特定非営利活動法人 ハングル能力検定協会 〒101-0051 東京都千代田区神田神保町2-22-5 F TEL 03-5858-9101　FAX 03-5858-9103 https://www.hangul.or.jp
製　作	現代綜合出版印刷株式会社

定価 2,420円（税10%）
HANGUL NOURYOKU KENTEIKYOUKAI
ISBN 978-4-910225-22-7　C0087　¥2200E
無断掲載、転載を禁じます。
<落丁・乱丁本はおとりかえします>　　　Printed in Japan

「ハングル」能力検定試験

個人情報欄 ※必ずご記入ください

受 験 級	受験地コード	受 験 番 号	生まれ月日
1 級 … ●			月　日

氏名

受験地

（記入心得）
1. HB以上の黒鉛筆またはシャープペンシルを使用してください。
　（ボールペン・マジックは使用不可）
2. 訂正するときは、消しゴムで完全に消してください。
3. 枠からはみ出さないように、ていねいに塗りつぶしてください。

（記入例）解答が「1」の場合
良い例　●　②　③　④
悪い例　レ点　線　バッテン　点　うすい

聞きとり

1	① ② ③ ④
2	① ② ③ ④
3	① ② ③ ④
4	① ② ③ ④
5	① ② ③ ④
6	① ② ③ ④
7	① ② ③ ④
8	① ② ③ ④
9	① ② ③ ④
10	① ② ③ ④
11	① ② ③ ④
12	① ② ③ ④

※記述式解答は裏面に記入してください。

筆 記

1	① ② ③ ④
2	① ② ③ ④
3	① ② ③ ④
4	① ② ③ ④
5	① ② ③ ④
6	① ② ③ ④
7	① ② ③ ④
8	① ② ③ ④
9	① ② ③ ④
10	① ② ③ ④
11	① ② ③ ④
12	① ② ③ ④
13	① ② ③ ④
14	① ② ③ ④
15	① ② ③ ④
16	① ② ③ ④
17	① ② ③ ④
18	① ② ③ ④
19	① ② ③ ④
20	① ② ③ ④
21	① ② ③ ④
22	① ② ③ ④
23	① ② ③ ④
24	① ② ③ ④
25	① ② ③ ④
26	① ② ③ ④
27	① ② ③ ④
28	① ② ③ ④
29	① ② ③ ④
30	① ② ③ ④
31	① ② ③ ④
32	① ② ③ ④
33	① ② ③ ④
34	① ② ③ ④
35	① ② ③ ④
36	① ② ③ ④
37	① ② ③ ④
38	① ② ③ ④
39	① ② ③ ④
40	① ② ③ ④
41	① ② ③ ④
42	① ② ③ ④

※記述式解答は裏面に記入してください。

個人情報欄 ※必ずご記入ください

受 験 級	受験地コード	受 験 番 号	生まれ月日
1 級			月　　日

氏 名

受験地

聞きとり・書きとり記述式解答欄 ※印は協会使用欄

7　得点

1) ① ② ※

2) ① ② ※

3) ① ② ※

4) ① ② ※

8　得点

1) ① ② ※

2) ① ② ※

3) ① ② ※

4) ① ② ※

筆記記述式解答欄 ※印は協会使用欄

13　得点

1) ※

2) ※

3) ※

4) ※

14　得点

1) ※

2) ※

3) ※

4) ※

ハングル能力検定協会